U0029725

CHARLES PONZI

龐氏風暴

The Rise of
MR. PONZI

永不根絕的投機狂熱，「龐氏騙局」始祖 **查爾斯・龐茲** 回憶錄

查爾斯・龐茲——著 郭哲佑——譯

狂熱好評（龐氏騙局被揭穿之前）

「龐茲是這個時代首屈一指的快速致富金融家。」

——《華盛頓郵報》（Washington Post）

「他，就是靠兩美分的郵票賺了幾百萬的人物。如果五元美鈔是一片雪花，那麼，龐茲賺的錢堪比連下三天的暴風雪……龐茲在美國與歐洲之間爆富的方式，證明了這世界上有人是鐮刀，也有人是韭菜，大家只擔心一件事，就是沒人知道誰是鐮刀、誰是韭菜。」

——《波士頓旅人》（Boston Traveler）

「龐茲光憑個人紀錄，就讓波士頓人在沒有任何保證的情況下，把所有存款交給他。這個義大利銀行家造成的狂熱席捲了波士頓，當地超過一半的警力不得不插手，因為大

「批熱情的投資人從銀行跑進跑出，穿越走廊、下樓梯到街上，把道路堵得水泄不通。」

——《紐約世界晚報》（New York Evening World）

「當一個從未接受過金融教育的人用行動證明，華爾街大亨與全世界的金融大咖都是膽小鬼，那麼不管這個計畫有沒有破滅，美國人都會向這個聰明人脫帽致敬。」

——《羅徹斯特聯合時報》（Rochester Times-Union）

「雖然有人覺得龐茲只是時勢下的英雄，但他的『成功』卻是他自己不凡性格下的結果。因為並不是所有人都可以走上街頭，說服上萬人把自己的血汗錢交出來，還渴望每年都有四〇〇％的回報。」

——作家亞瑟・里夫（Arthur B. Reeve）

「不管龐茲最後是百萬富翁還是騙子，我們都必須承認他是一個引人注目的人物，而不管他耍的是什麼把戲，也確實都表現得不錯。」

——《華盛頓星報》（Washington Evening Star）

目錄

前言

人性本貪

人不會踏入同一條河流兩次，卻會被同一個騙局欺騙無數次。

二○○八年，史上最大規模龐氏騙局爆發。遍布世界各國的數萬名投資人被坑殺，受害者包括名導史蒂芬・史匹柏、影星凱文・貝肯（Kevin Bacon）、諾貝爾和平獎得主埃利・維瑟爾（Elie Wiesel）以及許多大型金融集團，詐騙金額超過六百五十億美金。主謀馬多夫（Bernard Madoff）被判刑一百五十年，他二○一一年在獄中受訪時，說出了一句名言：「人性貪婪。」

貪婪是人性。不管在華爾街，還是在第三世界國家；不管是頂尖投資人，還是抱著退休金的老人——面對「超額報酬」幾乎無人能保持理智。也因此，這種似曾相識的情

景不斷上演：巨量回報帶來「賺大錢」的首批投資人，群眾口碑加上金字塔式的推廣，引來更多投資人加入。隨著資金暴增，氣氛變得躁動、狂熱，最終在一個令人意外的瞬間，紙牌屋倒塌了。真相攤開在日光下，始作俑者接受審判，而絕大部分的投資人血本無歸。

這一切究竟是如何開始的？

一九〇三年十一月十五日，龐茲搭乘名為「溫哥華號」的移民輪船來到美國。他下船時，穿著像是個歐洲來的富家子，但其實全身上下只有兩塊半美元。在那個年代，許多人都懷抱著「美國夢」，龐茲也一樣，但他的狀況並不樂觀。他不只沒錢、語言不通，而且運氣還不太好——先後當過送貨員、油漆工、圖書館管理員、收銀員、推銷員，甚至還吃過牢飯。

眼看人生過了大半，而美夢似乎永遠無法實現，將近四十歲的龐茲決定創立「證券交易公司」。他辭去工作，租了一間辦公室，用分期付款買了必要的辦公桌椅、打字機、檔案櫃，以及印刷機。但沒過多久，他就花光了所有積蓄，還欠了一屁股債。不知是幸運還是不幸，他發現了回郵券的商機，從此開啟了一個著名的騙局。

龐茲利用價值六美分的回郵券，加上一些外匯知識，只用了幾個月就堆出了一千五百

萬美元的金字塔，以當時的黃金價格換算，約相當於今日的十四億美元。[1] 此外，他還意外創造出一種全新的商業模式，透過佣金，將所有投資人都納入共犯結構。

更令人訝異的還不只於此。

回郵券的計畫失敗之後，龐茲為了解套，開始大量收購銀行，還想用「利潤分享」的概念改寫金融歷史。他甚至介入國際政治，插手波蘭公債，還計畫買下美國政府的整支船隊，並透過子公司、操縱股票來紓緩債務。與此同時，媒體注意到龐茲這位金融家的崛起，在大篇幅的報導之下，投資人無比瘋狂，龐茲的資本也達到前所未見的高度——某種程度上，他確實實現了他的美國夢，擁有過窮奢極欲的生活，還被吹捧成當代「最偉大的義大利人」之一。

騙局沒有永遠的贏家。沒多久，龐茲就迎來此後所有「龐氏騙局」賭徒共同的命運：他被逮捕，一度讓群眾瘋狂的局面終於崩盤。面臨八十六項詐騙的指控，龐茲被判入獄九年。他在一九三四年獲釋，回到義大利兩年之後，他寫出了自傳，從操盤者的角度寫出了這番「大事業」的全部真相——一個身無分文的義大利移民的「奮鬥」之路，也包含了他對人性的深度理解。龐茲回到義大利之後，彷彿再也沒有「好運」，最後只好去南美謀生。一九四九年，龐茲在巴西里約一家慈善醫院裡孤獨離世，死時身無分文。

雖然龐茲的罪刑已經被揭發，但「龐氏騙局」沒有就此消失。它像是不死幽靈，變幻成不同的模樣，取了各種好聽的名字，一次次借屍還魂。似乎從龐茲的時代開始，人們就一再犯下同樣錯誤：低估了貪欲，而高估了理性。畢竟，人性就算過了幾百年也不會改變。

1 ─── 參考 onlygold.com。

1 錢淹腳目

龐茲初次造訪美國時，全身上下只有美元兩元五分。他將在美國金融史上，添上那永遠無法抹除的一章。

一九〇三年十一月十五日，星期天。這是新英格蘭海岸的典型秋日，數英里的岸邊颳來寒冷的東風，帶來不絕的細雨。這種天氣令人煩躁，大概只有麻州運來的昂貴鱈魚才能不受天候影響，不穿潛水衣就出現在特里蒙街（Tremont Street）和波士頓廣場周遭。

港口和海邊的風雨更加猛烈。從浩瀚的大西洋一端來看，風雨似乎集中在卡斯爾（Castle）與加弗納斯島（Governor's Island）之間，沿著狹窄的航線猛力吹來，在汙濁的海面上激起一層層白浪。

星期天早上剛過八點鐘，人們看見老多米尼恩公司（Old Dominion Line）的溫哥華號

（Vancouver）向波士頓港駛來。它緩慢而莊嚴地行進，只在水深處或暗流處才稍有起伏。那個年代還沒有一萬噸級的漁船，溫哥華號顯然鶴立雞群，就像是現在的古納德號（Cunarder）。

離港口不遠處，輪船在東波士頓的碼頭停下，放下踏板之後，形形色色在甲板上等候的乘客開始從船的一側湧出，來到碼頭上。

他們是來自不同國家的移民，絕大部分是義大利人。他們大多坐在最便宜的艙位，少數是頭等艙或二等艙。他們全都是移民，離開自己的祖國來美國，而不論是男人、女人或者孩童，也不論是想暫留或者長住，他們全體的共同目標就是得到更多錢、更好的生活條件，以及經濟獨立。

我是這些移民的其中一人，是走出那艘船的人之一。我身材矮小，穿著當時最昂貴時髦的歐洲服飾，旁邊跟著扛了大小行李的兩名服務員，行李上標著「頭等艙」的紙條。

老實說，我看起來根本不像移民。光看外表，我根本看不出需要養家糊口，我身上完全沒有需要體力勞動、工作，或看起來很窮的跡象。從領帶到護腳，我看上去就像一位剛從鑄幣廠走出來的百萬富翁。一位生活悠閒的年輕紳士，或一位旅行中的富家子弟。

上面這一段，告訴我們外表並不代表什麼。實際上，我當時面臨經濟的與處境的夾擊，離家超過五千英里，離最終目的地尚有五百英里甚至更遠——我在一個陌生國家，

沒有朋友，沒有錢。就這樣。我一開始就幾乎破產，所有現金共計只有美元兩塊半。

不到兩週前，我帶著母親的祝福、愉快的心情外加兩百美元離開義大利，準備前往美國。我的使命與目標相當明確，那就是找到輕鬆發財的機會。

「去美國賺大錢之後再回來。」我的長輩們經常這樣說，彷彿只要去美國，不大賺一筆都很難。他們想方設法要幫助我克服疑慮：「你千萬不能錯過這個好機會！美國那邊，路上到處都是黃金，彎腰撿起來就是你唯一要做的事。」接下來幾年發生的事情，告訴我長輩的話不只是臆想，而是確切的事實。其實根據我個人經驗，根本連彎腰都不用。

一九二〇年，黃金自己被丟到我身上，而且不是小湯匙挖得起的，而是要挖土機才能鏟起的巨大黃金。

不過，當我剛上岸時，當我站在碼頭踏上美國土地的那一刻，我的處境非常嚴峻。我依然帶著母親的祝福，但那是我僅有之物。兩百美元在航行途中只剩下兩塊半，一個賭場老千拿走了大部分，另一些則被我拿去付小費和買酒水。我不再充滿希望，而是變得消沉。我站在碼頭邊，長輩們的話語依舊在耳邊迴響，我準備好去撿黃金，最後卻自覺受騙。我腳邊沒有黃金，周圍也沒有金塊散落。只有黏糊糊的黑泥，從港口到視線之外的大街都積了一英寸深。只有黑泥。而我從義大利遠道而來，經過了五千多海里的藍色

航線，只找到了泥漿與破碎的發財夢。

由於當時情況特殊，我不逗留波士頓絕對不是因為想賺更多，而是因為我的計畫早在離家時就制訂好了，而且我不能擅自改變。我要去的地方是賓州的「煙霧之城」匹茲堡（Pittsburgh），那裡應該是我三表哥的第五個表兄弟的住處。我一開始聽說他是鐵路承包商，但其實他只是那種二流的小偷。這表示，我們無論在法庭或其他地方，對任何敘述都需要持保留態度。

我的長輩們不但決定好我的目的地，為了不讓計畫失敗，還提供了必要的盤纏。長輩們真聰明！他們根據經驗，預知我到達海洋另一端時就會把錢花光，因為我曾經在更短的旅行中發生過這種事。所以他們給我一張至紐約再轉往匹茲堡的預付車票。如果沒有這張車票，我與波士頓的緣分就會在那個陰雨的星期天開始。

我沒有離開碼頭，只是跟著其他要去紐約的移民一起等待。直到晚上九點左右，才有一班專車來接我們。我們整整十二個小時待在寒冷的黑泥中，沒吃任何東西。

那班火車非常特殊，我希望在此多作描述。搭乘它的不適感，以及其他所有事情都如此不尋常，相比之下，戰時的八號、四十號火車簡直像是豪華車廂。它八成是從南太平洋路線（Southern Pacific）或墨西哥聖塔非（Santa Fe）繞一大圈才到紐約的，一定是走這幾條，

不然沒辦法解釋為何我們會在隔天下午才到紐約中央車站。除非它整晚都在原地繞圈、在每個路口停車，不然就是故意繞過了沿途所有的電線桿。我甚至還看到另一班慢得出名的火車——行經堪薩斯州的慢速列車，像一道閃電從旁呼嘯而過。

到達紐約車站時，我已經餓得想吃人了。我的胃已經乾癟，我甚至願意用靈魂交換任何可以咬的東西，不管是煎牛皮還是臭鼬肉都可以。所以，當火車發出刺耳的煞車聲，我馬上跳出車廂直奔出口。

值班的巡警不太喜歡我另闢新路，連忙張開雙手把我抓住。雖然他給我一個擁抱，但我知道他不是我失散多年的兄弟，所以討厭他這種不合時宜的情感。我們講了很多話，但我聽不懂他的愛爾蘭口音，他也聽不懂我的義大利語。這是一場平局，說得更精準點是一場僵局。最後我們只好找了一旁的擦鞋童來調停。馬上搞清楚了。警察知道我非常餓，想先吃點東西。在得知我如此匆忙的原因之後，他承認吃飯確實重要，於是就離開了。我後來跟擦鞋童一起到最近的餐館吃飯。我忙著吃自己的份，而沒注意到他在做什麼，但我猜他最後付了餐費。照理說應該是我付，但我僅有的兩塊半沒辦法讓我太客套，所以我縮到一旁，讓他付了錢。我相信這個擦鞋童應該不可能再對外國移民有好感了。對任何人來說，這種經歷一次就夠了。我的好胃口至少花了他一套衣服加兩條褲

子的錢。

我的下一個麻煩是要找到賓州車站（Pennsylvania Station）。這個車站當時還沒遷入紐約，而是在河的對岸。我當然不知道，只知道必須搭車，然後轉乘另一班，接著走過兩個街區……這些資訊有什麼用？重點是要如何到車站，而我完全沒有想法。老羅斯福在巴西叢林中尋找那條「懷疑之河」（River of Doubt）的時候，一定就是這種感覺。

賓州車站是我這輩子追求過最難捉摸的東西，包括女人在內。我不管問誰，它都好像就在下一個路口，像是胡佛總統口中的景氣大好一樣。在我稍微知道它的位置之前，我已經繞過了幾十個街區，往四面八方走了幾十英里。我最後還是到了，沒錯，因為我發現必須搭渡船才能在另一邊的紐澤西找到車站。我到達時已經快累死了，腳也很麻。在那個美好的下午，我帶著「輕裝」四處跑。從大小來看是滿輕的，但重量卻不是——裡面根本像灌了鉛。當賓州車站終於出現在眼前，我已經對火車沒興趣了，不在乎能不能到匹茲堡，也不在乎我未來會不會認識那些望族——鋼鐵之王卡內基家族（Carnegies）、焦炭大亨弗里克家族（Fricks）還有商業巨擘梅隆家族（Mellons）。我只想要一口棺材，一個讓我可以放入痠痛的四肢並安息的地方。

2 銀行是個好生意

龐茲先生只有一美元,破天荒踏入金融業,最後卻惹上一堆麻煩

身無分文來到美國——這件事比不懂英文好太多了。我沒辦法坐辦公室,因為我一句英文都不會說,也聽不懂。我懂的其他語言沒有用,同樣,我受過的教育也無濟於事。我只是學徒而且體弱多病,天生不適合勞動。但我還是得活下去。為了謀生必須找些事來做。

來美國之後,我過了四年平淡的生活,也做過很多低賤的工作。我厭惡那些工作,因為薪水總是低於我的需求,但付出的代價卻非常高。去那些地方是迫不得已,別無選擇。

最後,我沒有任何進展,就只是繼續生活。但活著也是一種學習。我確實在學習,英文單字每天都增加一些。

我什麼都做過，從雜貨店收銀員到路邊的推銷員，從修理縫紉機到推銷保險，工作地點從工廠到廚房還有餐廳。其中一些地方我待不久，有些稍微久一點。我被開除過，但更常是因為厭倦、或者不想被開除而先自己辭職。我在城市之間流連，有時搭火車、有時徒步。先是匹茲堡、紐約、帕特森（Paterson）、紐哈芬（New Haven）、普羅維登斯（Providence），然後是加拿大的蒙特婁（Montreal）。

我不知道我為何會在那裡，或許因為夏日炎熱，又或者是命運之神主導。總之在一九〇七年七月的某天下午，我在蒙特婁的波納車站（Gare Bonaventure）下車，身上沒有任何行李，只有一張一美元的鈔票。當時的一美元真的不多，不管是不是金本位制都一樣。而在一個陌生國家，這些錢看起來又更少了，但這也激勵我找些事情來做。

我開始上班。我在距離火車站不到兩個街區的聖詹姆斯街（St. James Street）上，發現了札羅西銀行（Banco Zarossi）的招牌，於是直接走了進去。才不到五分鐘，我就成了這家銀行的職員，我四年來第一次找到滿意的工作！

我和札羅西（Louis Zarossi）董事相當投緣，他心胸寬闊，溫和又大方，也很有幽默感。而且我敢說，他很有誠信。我之後遇過很多看似體面的人，沒一個比他可靠。雖然他之後發生了一些看似是醜聞的事，但據我跟他深交的經驗，他只是環境與壞夥人的被害

者，絕對不是因為他邪惡又狡猾。

那段時間，札羅西相當有錢，他的義大利銀行生意興隆，有最棒的名聲和信譽，但他這個人很容易被率著鼻子走。

那些推銷員和寄生蟲開始嗡嗡作響，團團將他圍住。一個成功人士假如習慣友善待人，那身旁一定少不了那種人。他們嗅出笨蛋的速度比禿鷹找屍體還快。他們讓札羅西參與了一些業務，而那些新業務需要資金，於是他開始動用銀行存款。這是很多銀行幹部的老套，有些技巧生疏的人會被揭發，有些人則僥倖逃脫——因為後者更聰明，不然就是更有政治上的影響力。

總而言之，札羅西自覺陷入財務困境。他非常信任我，於是把處境告訴我。還不到破產的程度，但他名下確實有一些利潤很差的公司，他需要一些資金，或者說是一些新血。

那時，我有一個老同學居然出現在蒙特婁。他來加拿大是為了尋找商機。我們碰面、寒暄，然後敘敘舊。我跟他解釋札羅西的情況，並介紹他們雙方認識。他們達成了一項協議：我的老同學會搭船回義大利，幾個星期之後會為札羅西的公司帶來資金。

一切似乎有了轉機，感覺輕鬆許多。但壞消息很快就來了！札羅西的一些公司破產了，謠言四起，說他陷入困境。結果銀行拒絕借他錢，存款人也開始撤回銀行裡的存款。

沒有辦法能逃脫這一場災難，但該做的事還是要趕快做。自我保護是第一本能，每個人先顧著自身利益，其他就讓魔鬼拿去吧。就像某一些船難。無論如何，我除了丟掉工作並不會有什麼損失，所以只是靜靜看著，當一個旁觀者──但我一點也沒錯過細節。

為了想辦法讓札羅西繼續生存，緊急委員會接連召開了祕密會議。成員包括札羅西、我的老同學，還有一位名叫斯帕諾利（Spagnoli）的人。斯帕諾利並不是真名，而是化名，我們不知道他的真名，只有他本國的警察機關才會知道。而因為所有人都信任我，我自然也是祕密會議的固定成員。

我的老同學滿特別的，他雖然目不識丁，卻累積了不少財富──全都是黑的，我所言不假。總而言之就是金錢。假如傳言全部屬實，那他人生最美好的時光本該在監獄裡度過。我跟他失聯之後，他或許真的進了監獄，但我不知道、也不在乎。

他在某種程度上成功取得札羅西的信任，其實這也不難，因為札羅西總是張開雙臂，就連對毒蛇也一樣。當然，也可能是因為他借了札羅西一點錢。總之，無論札羅西去哪裡，他就跟到哪裡，像是跟著媽媽的小羔羊。

我的老同學在緊急委員會的會議上，直接切入正題。

他對札羅西說：「你必須離開加拿大，如果你繼續待一個星期，他們會因為挪用公款

而入獄，你也永遠都出不來了。」

札羅西不願意，說道：「但我不能走，我不能拋棄家人，不能放棄我一手建立的事業！」

他堅持：「別傻了，札羅西！現在不是多愁善感的時候，你入獄之後也見不到家人。」

札羅西說：「但還不算無法挽回，我只要一點錢就能度過難關。」

「不管是多還是少，你現在就是籌不到。」他反駁。

札羅西驚訝地說：「怎麼會呢？你不是說會借錢給我？不是嗎？」

我的老同學回答：「我忘記了，總之，我現在沒辦法給你半毛錢，我沒有閒錢。除了離開，我想不到你有別的出路。」

札羅西在最後一刻失去了金援，結果不得不讓步，同意去避避風頭。他們達成一項協議：我的同學將成為札羅西的主要債權人，他會在札羅西離開之後向法院要求申請破產，然後提出以二％的利息與其他債權人和解。他想用這筆交易得到札羅西的資產，從債權人的損失中獲利——其實如果管理、清算得當，札羅西的資產絕對足夠償還那二％的利息。

他告訴札羅西：「你去吧，別擔心。只要我拿到你的資產，就跟你對半分。」札羅西相信他，但他一直都在騙札羅西。

事實上，過了一兩天，我們三人在聖詹姆斯街上的一間酒吧喝酒時，他就要求札羅西給他一張偽造的票據。

「給我開一張小額支票，簽上某某人的名字。」他對札羅西說。

「這是偽造。」札羅西拒絕。

他承認：「我是要偽造的沒錯。因為在我出手拿你的資產之前，我想確保你不會因為有某些豁免權而回來加拿大。我得保護我自己，所以要留著這張支票，但我不會拿它來找你麻煩，除非你自己回來破壞我的計畫。」

札羅西照做了，簽了一張支票給我同學。我不記得上面寫誰的名字，也不記得寫了多少錢。幾天之後，札羅西去了墨西哥，他在臨走前，把銀行在西部的一些可轉讓資產分配給我的老同學——金額根本就足夠償還他投資的欠債。他分配給我的，則是照顧他家人的任務。一個妻子和三個小孩，還是四個？我不記得了，只記得比我預想的還多。

3 黑吃白

一波未平，一波又起，龐茲想搞清楚到底狀況如何。

一開始，札羅西跑路的消息引起了極大騷動。有些存款人現出醜態，把一切弄得更糟——威脅到札羅西的家人，甚至威脅到我。這種事總是過一陣子就會平息。這些人一向如此。假如他們拖得更久，跑去自殺的銀行經理會變多，而開勞斯萊斯兜風、在紅木書桌前愜意抽著高級雪茄的銀行經理則會變少。

札羅西一家搬離他們的豪宅，跟我一起搬進兩間備有家具的房間。我們和房東太太共用廚房、浴室、客廳和餐廳。沒錯，跟原本的計畫完全不同。札羅西兩個大女兒現在也去上班了，他老婆留在家裡做飯，料理家務。

這種退隱生活非常簡樸，無聊透頂。我們幾乎不會出門，晚上就坐著打哈欠直到睡

覺，但這並沒有持續很久——那時我二十六歲，對女孩子有些敏感。札羅西十七歲的大女兒長得非常漂亮，於是不可避免的事發生了。我們彼此相愛，晚上不用只打哈欠了。

我的老同學常來拜訪，他年紀跟我差不多，同樣對女孩子有些敏感，而且也同樣愛上了同一個女孩。但我比他強，他連一壘都沒上。

就我而言，他看中我的對象並不會影響我跟他的友誼——理由很簡單，因為我根本不知道他戀愛了。我後來才知道，而且已經太遲了，根本猝不及防。但就他而言，我認為他應該是被單戀搞瘋了，因為他之後對我做的事，不是任何一個理性的人會做的，除非他是背信的魔鬼。

這發生在一九〇八年夏天。他有段時間一直告訴我，他打算去西部清算一下札羅西銀行的分行的利息和債務。西部有三家分行，分別在安大略省（Ontario）的薩德伯里（Sudbury）、亞伯達省（Alberta）的卡爾加里（Calgary），以及不列顛哥倫比亞省（British Columbia）的弗尼（Fernie）。當初建立這幾家分行的是我，我自然很了解狀況。

他很猶豫要不要去，因為他語言能力不好，也不是很了解加拿大與金融業。他想要我先去，他隨後就到。我說我根本沒有錢去。他表示會付旅費，而且還會另外給我傭金，於是我答應了。

我們約好星期六在聖詹姆斯街碰面。我們一起走進霍切拉加銀行（Bank of Hochelaga），他在那裡有開戶。然後他向我出示了一張支票當證明。那時銀行已經關門了，或是準備關門。我記得很清楚，因為他「無法當場兌現那張支票」。我不知道他是否在說謊。

他沒有兌現支票，所以我原本下星期一要動身的計畫只好作罷。我要離開一、兩個月，這段長時間的旅途不能沒有行李箱、衣物，以及其他必需品，我本來還想在支票兌現之後就馬上去採買。他接著告訴我，他會去找其他能兌現的地方。

他晚上來我家的時候，身上還帶著那張支票，看來一無所獲。

他說：「還有一個機會，霍切拉加的一家分行星期六晚上有營業，我們可以去那裡。你覺得呢？要不要試試？」

我同意，於是我們去了聖凱薩琳街（St. Catherine Street），那裡有一家霍切拉加銀行的分行，他走去出納員的櫃檯，說了幾句話之後拿到現金，大概有四百美元。

我們離開銀行，接著買了些東西回家收拾行李。我所有的東西只還裝不到大行李箱的一半。

「我明天也裝一些我的東西進去。」他說完就離開了。

隔天，他帶來了想讓我先帶過去的東西，大部分是裝在大信封的文件。他給我兩百元

現金，說早上會幫我買好車票，然後再把車票給我。

星期一早上，我又出去買了些東西，大約十一點半回家。才剛踏入家門，就有兩位便衣警察逮捕我，把我押到我在樓上的房間。他們搜我的身，找到了兩百美元，然後檢查行李箱，在文件中找到一些空白支票。他們沒收所有東西，把我帶去警局。到了警局，我才知道自己被指控偽造文書，而且要單獨監禁。

我不知所措，根本搞不清楚狀況。更糟的是，我被禁止跟任何人見面，也不能與任何人交談。

沒多久，我就從警察局移送監獄。在監獄裡是可以寫信的，但全都石沉大海，也從沒有人來探視，沒有報紙。我像被活埋一樣，不知道外面發生了什麼。

監獄的生活難以言喻，裡面骯髒不堪，到處都是蟲子。被送往牢房的那一刻，我就知道自己無法忍受超過二十四小時。於是我鼓起勇氣找出路。我蜷縮在床的一角，靠著牆，茫然地直視前方，並且把手上的一條毛巾嚼成碎片。其他囚犯在旁邊看到我的狀況，就向獄警報告。於是我被轉送到監獄醫院。

我在醫院裡發出戰嚎，爬上了裝了鐵條的窗子。兩名護理人員把我壓住，強迫套上束身衣。我靜靜躺了好幾個小時，然後裝得像是剛從癲癇中恢復。他們幫我脫下束身衣，並

安排了一張床位給我。這詭計讓我可以繼續待在醫院。那裡的條件當然稱不上好，但至少過得去。

過了一天，又或許是一個月——我從監獄裡的消息人士得知，札羅西在前一天晚上進入這座監獄。他從墨西哥被引渡回來。我請求見他，並得到了允許。

事實非常明顯，我的老同學在敲詐。他後來沒辦法與其他債權人和解，因此無法拿到札羅西的資產，於是就怪罪札羅西。他本來想勒索札羅西夫婦，但失敗了，結果回頭用一開始那張偽造支票，要求警方把札羅西引渡過來。

我跟札羅西討論了一下，我們發現，札羅西要被定罪必須要有我的證詞，而我的老同學沒辦法自己舉證。但我在監獄裡，無法脫離這國家的司法管轄。關鍵在於我的選擇：跟我的老同學這種小人同流合污，還是跟老朋友札羅西（也是我女友的父親）同一陣線。

我不能猶豫，也沒有猶豫。我決定不惜一切保護札羅西。

幾天之後，法庭要求札羅西出庭，我也被傳喚作證。我的老同學第一個站上證人席，指控札羅西偽造了那張票據，我則在他之後。回答完一些基本問題之後，他們給我看那一張支票。

他們問我：「你有看過這張支票嗎？」我回答道：「先生，我看過。」

他又問：「什麼場合看到的？」我描述當時的狀況，說是在聖詹姆斯街的一家酒吧。

那位皇家檢察官接著問道：「當時有誰在場？」我說，是我和我的老同學。

檢察官再問：「還有其他人嗎？」

我說：「沒有，先生，只有我們兩個。」

「札羅西不是也在場嗎？」檢察官有點生氣，因為我本來該是他的有利證人。

我堅持：「沒有，先生，札羅西不在場。」檢察官於是轉移攻勢。

他直接切入：「你知道寫這張紙條的是誰嗎？」我冷靜地說：「我知道。」

「是誰？」他繼續問，以為佔了上風。「是我。」我回答。

「你寫的？這張支票是你寫的？」這出乎意料的答案讓他很生氣。

「是的，先生，是我。」我像是站在櫻桃樹下的華盛頓，再次冷靜地說：「都是我寫的。」

審訊馬上就結束了，我的老同學像個野人一樣生氣地離開。檢察官要求駁回告訴。法官下令釋放札羅西，但要求他在二十小時之內離開加拿大。我則又回到監獄。

在我離開法庭之前，那位檢察官向我走來——他是一個年輕的義大利人。

「你在說謊，你自己知道。」他用義大利語小聲說。

「當然，我說謊，但你沒辦法證明。」我笑著回答。

「龐茲，我完全不反對。札羅西比原告好多了。」他說。

札羅西離開蒙特婁，不久之後他的家人也離開了，我不知道他們去了哪裡；我那位老同學顯然也無影無蹤。

回到監獄，我無事可做，只能等待判決。

我記得審訊是在十月。我那時才知道我身上的指控是什麼。我被指控偽造了我同學出示給我、說要幫我換錢的那張支票。我根本不記得上面簽了誰的名字，好像是一個輪船經紀人吧，金額大約是四百美元。

我不認罪。於是他們開始傳喚證人，我記得大概有四個人來作證。被偽造姓名的輪船經紀人、兩名警察，以及一名銀行出納員。輪船經紀人說他認識我，說我在札羅西銀行時偶爾會去他的辦公室辦事，這是真的。他說那一張支票是從他的支票簿撕下來的，這也確實是真的，但他沒辦法證明是誰做的，因為他當時沒看到我在他的辦公室。

那兩名警察說，他們在我行李箱裡找到許多空白支票，並在我口袋裡搜出兩百美元。

法官問：「那些錢在哪裡？現在有嗎？」

一名警察說：「沒有，先生。我們已經還給銀行了。」法官很吃驚：「還給銀行？誰授權的？」

另一名警察解釋：「那是銀行的錢，我們認為沒有理由繼續持有。」

法官被激怒，於是打斷他：「很好，警察可以自己幫物證下定義。一個窮人大概沒辦法從你們那邊把錢拿回去，但霍切拉加是個大銀行，警察竟然想方設法讓銀行方便，甚至已經違反法律。」

「我將暫停此案，並深入調查。我想釐清無端歸還這筆錢的責任，因為被告是否有罪，很大程度都取決於物證的鑑定。他有權面對物證。那筆錢除非在本庭中被確認是他人的財產，否則他就有合法的所有權。」

法官震怒之後（還登上蒙特婁的頭條），我開開心心地回去監獄，認為法庭會駁回告訴——這表示當時我對法官其實一無所知。

事實上，重新審判時法官的態度就變了。物證的事被丟在一旁。最後的證人被傳喚，也就是銀行出納員。

法官指著我問他：「此人是否給了那張支票，然後把錢拿走？」

出納員說他「猜測」我是。他承認，事發之後已經三個月沒看過我了，不過在他的印象裡，那個人比我高、比我瘦，沒有鬍子而且髮色較淺。他描述的顯然不是我，而更像是我的老同學。

真相要因此水落石出了！但我卻錯過了，好像那天注定會錯過一切。此外，因為我有

律師，所以不能發言。我沒有要求律師，但他自願替我辯護，因為我剛從監獄中解救了他的客戶。

他是我在法庭上看過最不健談的人，大概可以跟啞巴聊得很開心。整個審判過程中，他根本沒有問過證人問題，沒有提過一次反對，也沒看過我一眼。他只做了一件事——看似要幫我辯護地站起來說：

「如果合適，我希望從寬處理我的委託人。」

聽到這句話，我幾乎站不穩。他甚至在法官宣判我有罪之前，就先承認我的罪刑。但我很高興他沒說更多，不然我可能會被絞死！

法官說話時，我人生第一次感覺到法律的不確定性，他說：「雖然辯方律師做了精采的辯護，但多項證據讓我傾向於認為，被告犯有被指控的偽造罪……」

沒聽錯吧，精彩的辯護？他乾脆這樣說：「因為辯方律師沒有任何辯護，所以我傾向於跟他一樣，認為被告有罪……。」

幾天之後，法院判處我在聖文森特・保羅監獄（St. Vincent de Paul Penitentiary）服刑三年。當天下午我就被移送過去。才過一個小時，我媽大概都認不出我了。我被淨身、刮鬍子、剃頭，套上醜陋的衣服，然後拍照、採指紋、編號。我不再是有名字的公民，而只是一個數字。

4 入獄謎團

一波三折讓龐茲練就一顆善於分析的腦袋，在未來的關鍵時刻屢屢發揮作用。

聖文森特・保羅監獄不是幼兒園，而是監獄，裡面所有人每一分鐘都在服刑。這裡的原型是英國中央刑事法庭、巴士底監獄，以及那座以關押基督山伯爵知名的伊夫堡（Chateau d'If）。

我的床墊是乾燥的玉米枝葉，由此可見，這監獄真的是一個給人懺悔與懲罰的地方。

但就算這樣，我不能說自己在此處見過野蠻暴行。規則非常嚴格沒錯，常常會有些很嚴重的懲罰，但囚犯沒有受到不必要、不人道的虐待。

這裡也沒有徇私的文化。不管你是銀行家還是工人，本地人或外國人，所有人都只能憑藉實力，用良好行為與勤奮努力從最底層往上爬。你在外面的影響力完全沒用。這裡

還有升遷的機會——有些工作特別好。特權自然要靠爭取，每個人都要爭取自己的東西。

我第一份工作是在一個廠房，他們說那裡叫作「大變小」，確實如此。我每天應該都花了七、八個小時用木槌把大石塊敲成碎石，而我撐下來了。

我在那裡待了兩、三個月，我猜我已經把整個黃石國家公園的石頭都打碎了。我非常熟練，他們大概炸了洛磯山脈才能讓我有工作。我開始碎石之後，連不列顛哥倫比亞省也變了，如果他們讓我繼續做下去，整個省會被我弄得比煎餅還光滑！

總之，他們認可了我的能力，把我升職去鍛工廠裡當職員，之後我又去了輪機長辦公室。接著，我進到監獄主人——典獄長的辦公室。我已經爬到最高處，不出去就沒有升職空間了。

身為典獄長助理，我在監獄裡享有自由。任何時候都可以去牆內的任何地方，不需要警衛陪同，而且我被允許在公務上與其他囚犯交談——當然，四十英尺外的警衛外根本聽不見我是在談公務還是閒聊。所以我常跟囚犯交流，尤其是一位前銀行家。我非常想知道，為什麼銀行在星期六晚上收到偽造支票，結果星期一早上就能逮捕我？

首先，偽造文件似乎不可能這麼快穿幫；再者，我的名字根本沒出現在支票上，銀行和警察局的人也認識我。以常理來看，根本不可能在四十八小時內查到我身上。

連福爾摩斯都不可能在四十八小時內追查到支票的源頭，巫師或預言家也一樣。就算是千里眼，也要先爬上高山才看得清楚。但那兩個視力一般的警察，竟然比福爾摩斯或預言家還厲害，誤打誤撞找到我家，這一定有問題！

我把情況告訴那位前銀行家，他說，顯然有人跟銀行、警方通風報信。

他告訴我：「聽我說，那張支票是星期六晚上在分行兌現要給總行的。不過，星期一早上十點前，支票根本不可能從分行送到總行。」

「通常支票在銀行的存期沒這麼快，有時會留兩、三天。就算送到總行，他們也不會知道是不是偽造，因為他們一開始就沒辨識出來。假如被偽造的當事人不知道，那就不可能知道了。當事人只能在月底收到銀行帳單時才會知道。或者，那張支票讓他戶頭透支了，他才有可能提早知道。」

「所以你覺得有人跟銀行通風報信？」我問。

「當然。」他說。

「但我認為除了我和我的老同學，沒人知道這張支票的事。」我說。

「很明顯，就是他去通報銀行的。」他肯定地說。

我像是被嚇壞一樣，大聲說：「不可能，我沒辦法相信，而且，他總不會找我麻煩之

後，還能這樣全身而退吧。」

「是嗎？那你就繼續吧。事實是你有麻煩，他沒有。」他嘲諷。

「確實。但那是因為我沒有供出他的名字。」我順著他的話。

「原因就在這！他可能算準你不會說。」他說。

「為何不會？」我問。

「我不知道。」我回答。

「就算你發現他是始作俑者，也不能為了脫罪而指控他。因為證據對他不利，對你也一樣。這樣你們兩個都會被定罪。順便問一下，他現在人在哪？」銀行家說。

「我不知道。」我回答。

「之後你有看過他嗎？他有寫信給你嗎？他有給你任何幫助嗎？」銀行家問我。

「從來沒有。」我被他的邏輯打動了。

「老天，你醒醒吧，你已經完蛋了！找他算帳！寫封信給銀行告發他，他們或許會幫你逃出這裡。」銀行家有點生氣。

「噢，我沒辦法。如果我跟他有恩怨，一定會找他當面解決，我總有一天會找到他！」

我拒絕。

我那時還不知道，要找到存心躲你的人有多麼困難。事實上，我所有關於他的消息只

有他在西岸。我聽說他一直在西海岸活動，聽說他買了些開放電影院，然後他進那一行好幾年了，就這樣，再也沒有他的消息。

最主要的原因，是當時很多人在那一區搞電影，我相信電影之父楚克爾（Adolph Zukor）也在那裡。有些公司有聲有色，有些倒了。例如楚克爾就大放異彩，弄了一個厲害的派拉蒙公司（Paramount）。但我的老同學消失了，像是人間蒸發。他要不是死了，就是成功改變身分，沒人認得出他是誰。我們確實在也沒見面了，如果見面了，可能會天翻地覆。

我開始找他的契機，是某一天蒙特婁的女房東來探監。我跟銀行家聊過之後不久，她就來了。我渴望任何消息，關於安潔莉娜（我女朋友）、札羅西，還有所有我認識的人的消息。

「札羅西應該在美國，但我不知道在哪，沒有聽說。」她說。

「也沒有安潔莉娜的消息嗎？」我問，但她反問我：「沒有，你呢？她有寄信給你嗎？」

「沒有。她也認為我有罪嗎？」我只能承認，不願意接受她竟然拋棄了我。

「我不確定，她不太健談。有一次，她提到了你的老同學，說他可能知道的比我們以為的多。」女房東告訴我。

「是嗎？她為什麼這樣說？」我問。

她回答：「我不知道，但我猜她不太喜歡你同學，因為他一直騷擾她。」我驚訝地問：

「他一直騷擾她？什麼時候，我被抓之後嗎？」

「不是。」她對我的觀察力有些失望：「你怎麼了？眼瞎了嗎？你沒注意他也迷上了安潔莉娜？」

我說：「當然沒有，我現在才知道。」

「哦，你們男人都一樣！」她發現我跟其他人一樣笨，變得有些不耐煩：「你們談戀愛的時候，永遠看不到她旁邊發生的事！」

「妳說的應該沒錯……但多說一些吧，我的老同學現在怎麼樣了？」我說。

「我不知道，你被抓之後我就沒看過他了，聽說他去西部。」她回答。

「他有寫信嗎？」我問。

「沒有，但是我有跟一個在西部看過他的人說過話。」她說。我接著問：「他去做什麼？」

「他好像把札羅西的分行都清算完了，然後自己開業。」她回答。

「什麼行業？在哪？」我問。

「我不知道在哪裡，有好幾個地方，我猜可能到處都有。我聽說他在整個西海岸買了

或蓋了好幾間小型電影院。」她告訴我。

「那他大概過得不錯。」我說。

「我聽到的是這樣沒錯。」她同意。

這次探監告訴我一切，讓我搞清楚自己的處境。毫無疑問，我的老同學陷害我，忌妒就是他的動機。他策劃並執行了這個罪行，然後嫁禍給我，把警察引到我家門口。他過得不錯，而我在坐牢。

幸運的是，一切都有盡頭。我出獄的日子就要來了。還要一陣子，但確實有盡頭。其實比我想像得要快，因為我沒想到還有意外狀況。我來告訴讀者這個祕密。

是這樣的，一九一〇年七月十三日，我坐在辦公室的打字機前，典獄長拿著一張紙走了進來。

他將那張紙遞給我說：「龐茲，馬上複製一份給我。」

「典獄長，沒問題。」我從他手中接過，放到打字機前開始工作。這是一封總督辦公室發出的書面信函，我打過很多類似的信件，開頭大同小異，但這次的像是赦免令。我機械化地打著字，直到我看見犯人的名字。典獄長站在我身後望著我。當我打到這個名字時，我愣住了，感覺視線模糊。我用手背揉眼睛，又看向那個名字，一清二楚，

沒有模糊空間。那是我的名字——我已經二十幾個月沒聽過的名字!

典獄長笑了,拍了拍我的肩膀。

他慈祥地說:「龐茲,你應得的。當初你不該來這裡,但這不是我可以決定的。不過恭喜你,我很高興一切都結束了,快去穿好衣服,才能趕上那班下午開往蒙特婁的火車。」

他用不著催我。我飛奔到監獄裡的裁縫店,拿了他們給我的第一套衣服就走。誰在乎合不合身?誰在乎看起來如何?只有一件事最重要——自由!兩個小時後,我走在街上,雖然看起來有點怪異,口袋裡也只有五美元,但我很開心。我重獲自由了!

5 司法的真諦

在金錢至上的美國，有「關係」就是沒關係，沒「關係」就是有關係。

我當天晚上就回蒙特婁，和朋友們碰面。我只有五美元，根本沒辦法住溫莎酒店。

我其實沒地方去，我必須在找到工作之前，靠這一點錢活下去，但我也不能睡在大街上，只好接受朋友們的熱情招待，相信自己過了幾天就會找到工作。

但我很快就發現自己實在太樂觀了。我打電話以前的商業往來對象，發現一切難上加難。我有服刑紀錄！我是籠中鳥，他們不可能雇用我，也不可能讓我待在身邊。

我把窘境告訴另一位老同學，他在當地開了一家銀行，還代理勞工和輪船業務。我們幾年前有合作過。他建議我離開蒙特婁，回去美國。

他說：「美國人不知道你在加拿大的記錄，你在那邊更容易找到工作。」我告訴他：

「我是很願意，但我的錢不夠回去。」

「你想去哪裡？」他問。

我回答：「可以的話想去紐約。但其他地方也可以，水牛城、羅徹斯特、雪城都行。」

他勸我：「為什麼不去一些小鎮？像是邊境附近，你可能會在某個移民營找到計時員、翻譯員這種工作。」

過了幾天，他告訴我在紐約州的諾伍德（Norwood）或奧格登斯堡（Ogdenburg）附近有這種移民營。

他說：「車費不貴，你怎麼解決錢的問題？」

我回答：「我手頭很緊，但我可以在這裡先打零工。」他鼓勵我：「如果我是你，我一有錢就會動身。你很可能在那些營地裡看到熟人。因為跟札羅西共事的時候，我們送了很多人力到美國。」

這打動了我。札羅西在美國有數千名勞工，遍布於鐵路或私人承包商那裡。札羅西的人打造了橫貫大陸的鐵路，四處可見，包括美加邊境的加拿大太平洋鐵路（C. P. R.）、大幹線西部鐵路（Grand Trunk）波士頓與緬因公司（B. & M.）。我是札羅西的前副手，在承包商與工頭之間頗有名氣。

一九一〇年七月三十日上午，我離開蒙特婁。買車票時，我的老同學來車站送我，還帶了五個義大利移民，顯然是要與我同行。他拜託我照看他們。

他說：「龐茲，幫個忙。他們要在諾伍德轉車，該下車的時候提醒他們一下。」他一定有提到「諾伍德」這個地方，或是諸如此類的地名。

這班火車是每一站都停的慢車，每站都要停十到十五分鐘。它整個上午緩慢地駛向邊境，直到中午才快到達。列車像是需要午休一樣，在加拿大這邊的最後一站停下。

這時，有個美國的移民檢查員上了車，在車廂之間穿梭。不時停下來檢查乘客。最後，他站在我和五個義大利移民的座位前。檢查員先和他們說話，但他們一個字也聽不懂，於是他轉向我。

「你們是一起的嗎？」檢查員問我。

「不完全是，我跟他們只是順路，有人請我提醒他們轉車。」我說。

「他們要去哪裡？」他問道。

「我不知道確切地點，應該是在諾伍德附近。」我照實回答。

「他們去那裡做什麼？」他繼續問。

我要問問才能回答。他們告訴我，他們是要去工作的，我記得他們還拿出了一些信件

表明他們的目的地。

「他們從哪裡來的？」檢查員問我，我於是回答：「蒙特婁。」

「好吧。」他走去了另一節車廂。

五分鐘之後，火車又開了。下一站是紐約州的默爾斯（Moers），位在美國邊境一側。

當我們漫不經心地望著窗外，看著火車到站之後的無聊情景，突然有人大喊：「喂！你們幾個。」

我們轉頭，看見移民檢查員站在車廂門口。毫無疑問，他指著我們。

「你們都跟我下車。」他命令道。我把指令轉述給其他五人，我們依照指示下車。他帶我們去一間木屋，類似小辦公室，說我們被捕了，因為我們違犯了美國的《移民法》。

當天下午，我們被帶到紐約的羅斯角（Rouses Point）監禁，幾天之後，又轉到普拉茨堡（Plattsburg）的監獄，等待著秋天的審判。我被指控偷運外國勞工進美國，而那五個義大利人是重要證人。

整件事一點道理都沒有，我想弄清楚，卻因為太困難而放棄了。最後，我有機會見一位聯邦檢察官，我向他陳述事實，他聽著。

然後他說：「你違反《移民法》把這些人帶到美國。」

我反駁：「我沒有，他們是自己來的，我們只是坐在同一班車上。」

「但你幫助他們，你是他們的翻譯。」他堅持。

「為什麼不能翻譯？我認為，我翻譯也是在幫助移民檢查員。」我回擊。

他接著說：「總之，你們都非法進入美國，因為你們全都沒有入境許可。」

我解釋：「我不知道需要許可。我三年前去加拿大以來，已經往返美國六次，沒有一次需要許可。從來沒人要求。而且我在火車上從沒看過移民檢查員。我只在邊境上碰過海關官員，單純是上來檢查一下行李。」

「這並不會改變你們這次非法入境的事實。」他態度不變。

我告訴他：「我無法接受。我們在加拿大邊境接受檢查，那時火車還沒開，如果不讓我們入境，應該要一開始就拒絕我們。檢查員應該提早告知。」

檢察官打斷我：「檢查員不用你來告訴他什麼該做、什麼不該做。」

「他確實不用聽我的。不管我們知不知情，他都有警告我們的責任，阻止我們觸犯法律。但他反而哄騙我們，誤導我們犯法，好讓自己立功。我不知道這種公務員有什麼用處，帶外國人非法入境的是他，不是我。」我不斷反駁他，失去理智。

「你幾個月之後就不會是這種態度了。」他瞥了一眼，威脅道。

「也許會，也許不會。」我回嘴。那時我已經準備要出口罵他，我如果沒有罵他，也是因為他讀懂我的心思，所以先結束了談話。

我和其他五人在普拉茨堡監獄一直熬到十月份，而且不能保釋。幸運的是，我有一間單獨的牢房，而其他囚犯則一起睡另一間。我想辦法睡覺、看舊雜誌來消磨時間。但獄中生活絕望而懶散，我開始煩躁。這兩個月讓我不堪忍受，認為只要能結束這件事，無論如何都可以。

我會說，那位檢察官大概也是心理學家。他跟我想得不太一樣，心理學家聽起來更貼切。他知道時機成熟的時候，他就可以隨心所欲了。尋思，這傢伙的感官是多麼神奇！這種天才在地方檢察官辦公室簡直是浪費！他是天生的騙子，比專家還會分辨騙子，或者乾脆自己當個騙子。

他主動來找我，告訴我他對整件事情很抱歉，他其實很不想這樣處理，但這是他的職責，說他發誓過要維護《憲法》之類的話。我那時還沒想到要告訴他，他苦心維護的《憲法》已經腐敗了。總之，我那時很同情他，幾乎都要流淚了。像我這種無賴，居然讓這樣一個好人受苦，真是丟臉！

當下的情境很動人，我還以為他隨時會趴在我身上痛哭。我很害怕，因為我的囚服還

沒有經過縮水處理。他的眼淚很糟糕，會讓我看起來像是穿著短褲的服務生。

他說：「龐茲。我非常想幫你，你這個人很好，但你願意聽我的勸告嗎？」

還不知道是什麼勸告，我就脫口而出：「沒問題，一切就照你說的吧，朋⋯⋯」我本

來想說「朋友」，但覺得不妥，只好改成「先生」。

「我勸你認罪。」他誠懇地說。

「認罪，不可能！」我跳了起來。我可能會心軟，但也沒那麼柔軟。

他接著說：「先別激動，龐茲。我是你的朋友，勸你是為你好。如果你堅持要審判，

你一定會被定罪。所有證據都不利於你，法官會相信檢查員。他不會相信你的，因為你

有前科，你還沒開始就會失敗。」

我確實同意他說的這一點，但我沒表現出來。就算是當時，我也知道如果缺少權勢的

人脈，要對抗政府有多麼無助。我沒有馬上屈服。

「被判有罪，也不會比認罪好。」我說。

他解釋：「喔，當然有！你別以為法官會很寬宏，他可能會為了殺雞儆猴，把你長期

驅逐。然後每一個非法入境的外國人，會讓你被判兩年徒刑和一千美元罰款。最後加起

來，法官會判你十年徒刑和五千美元罰款。

「如果認罪，會怎麼樣？」我問。

他聳聳肩膀：「我猜應該輕得多。可能罰款五十美元。」我回他：「但我付不起罰款，我沒有五十美元。」

他解釋：「這樣的話，你要在監獄裡服刑一個月。」我懷疑地問：「你確定嗎？」

「當然！量刑是我建議的，法官通常會聽地方檢察官的建議。」他肯定地說。

「你保證我如果認罪，就會判處五十美元罰款，然後釋放我？」我又問了一次。

「是的，我保證。我會跟法官談談。」他說。

他確實去談了！不過知道談話內容的人，只有法官、他自己，還有上帝。我遵守承諾認罪，然後他走向法官席，交了些文件過去，接著一陣耳語。法官稍微看了文件，斜視了我一眼，說道：「哦，這沒用！兩年徒刑，外加五百美元罰款！」語畢，他把文件傳給了身邊的助手。

在我還沒有反應過來之前，有人把我架出法庭，我猜是法警。如果我沒被架住，大概會額外被指控施暴、藐視法庭。這實在太令人生氣了。

幾天之後，我和另外四名美國囚犯，在兩名法警的押解下，向南前往喬治亞州亞特蘭大的聯邦監獄服刑。

我被定罪之後，那五個義大利人就被釋放了，而且因為替政府作證，還得到了超過兩個月的津貼。法律保障他們繼續留在美國！讀者們，你們能理解嗎？我不能。在那之後，我一直試著好好解讀這件事，卻都沒有成功。

6 重回美國

美國的監獄讓人大開眼界。龐茲用兩年時間換得一張價值千萬美金的門票！

我們搭臥鋪車前往南方，車上可以用餐，可以像普通乘客那樣坐在座位上發呆。停留華盛頓時，在車站附近一家裝模作樣的餐廳裡吃了午餐，接著在國會大廈的廣場散步。

我們原本想進去參觀一下，不過怕打擾到別人而作罷。

我們沒有去白宮，塔夫脫總統當時不在，他很忙，也許在思考下一次選舉打敗老羅斯福的方法，但民調有時會騙人。

在亞特蘭大的監獄裡，法警帶我們去一間「酒吧」提提神，讓我們在牢獄之災前先振作。那裡最烈的是一種類似啤酒的飲料，實際上，味道和啤酒差很多，比啤酒難喝不少。

我們喝著酒，也抱怨著，幾乎喝到不省人事！

我們發現美國的監獄實在太舒服了，不像之前見識過的。至少我沒看過這種監獄。當時，有人形容美國的監獄就像莊園或酒店。名符其實。怎麼可能不好呢？這裡是美國所有大人物的潛在住所，這個「大」指的就是金錢、權力，還有智力。從內閣成員、國會議員到國家銀行的公務人員、郵政人員；從逃漏稅者到走私犯、郵件竊盜，所有人都來了。

這些傢伙有遠見，理所當然地把「他們的」監獄造成酒店的樣子。他們可能覺得，如果這裡必須是牢籠，那也要是鍍金的。

沒過多久，我輕輕鬆鬆找到了一份文書工作。我發現這是為我而設的，就在洗衣間。

我因為精通義大利語、英語、法語，所以很快就晉升，被調到郵件收發處的辦公室。順帶一提，這間辦公室屬於這個監獄的現任典獄長。我負責寫信封、黏信封，而如果收到外文信，我需要用英文打出所有內容。尤其是盧波[2] 和他同夥的信。

盧波算是早期的卡彭。[3]。盧波偽造貨幣而要吃三十年牢飯，卡彭沒繳稅被判十一年徒刑。事實上，盧波坐牢是因為其他罪刑，其中之一，是他曾經下令在西西里島謀殺紐約警察局的隊長佩特西諾（Petrosino）。

我絕不支持謀殺或任何形式的犯罪，我認為所有人都該為自己的罪行受罰，但我也認為，公平是必須的。他應該為了行為受罰。就算他因為某些無法證明的事而要受十倍懲

罰，也不應該隨便找個輕罪來重罰。

至於他的其他罪行，我一無所知。我不在乎，也不想知道。這是他和老天爺之間的事，無論如何都跟我無關。

盧波有天趁著打球的空檔來找我，問我是否願意和他同住一間牢房。他說監獄人員照著他的指示，已經找來一個又一個室友。他真的是這樣說的。他說這件事快把他搞瘋了，他想要自己找一個他信得過又無害的人。

他碰到了麻煩。雖然被判三十年的人大概不會是好室友，但我答應他了。我們被安置在一起，然後我發現他身上有許多我欣賞的特質，他善良、坦率、直接，而且做事非常果斷。

我對他的案子了解更多之後，我覺得他被利用了。有一位美國特勤局（USSS）官員藉此立功晉升。之後，我在亞特蘭大獲釋時就拿到證據，我答應盧波，要打電話給《亞特蘭大憲法報》和《亞特蘭大日報》，把事實告訴他們。我遵守承諾，但報社編輯說特勤局已

<hr>

2　Ignazio Lupo，二十世紀初紐約黑幫的領導人物，出生於義大利。
3　Al Capone，美國黑幫和商人，在禁酒時期聲名大噪，成為芝加哥犯罪集團聯合創始人和老大。

經聽到風聲。某一天我走在桃樹街上，有兩個人突然把我圍到牆角，警告我別插手盧波的案子。「如果你繼續，我們會讓你在一週內回去找他，而且待得很久。」他們威脅，而且表示真的會這樣做。

特勤局的特務遍布各處，就算在監獄也一樣。我還在服刑時，有一個義大利人在我工作的郵件收發處當助理，他穿著制服，也負責警衛工作。不過，其實他最主要的工作是檢查我的翻譯，尤其是盧波的信，並將信件副本給華盛頓。特勤局想拿到盧波其他的犯罪證據，他們天真地認為，盧波如果有罪，那總有一天會露出馬腳。他們知道我是盧波的獄友，幫盧波寫了許多信，而我卻知道他們正在利用我翻譯的信件！這種無知絕對值得表揚。

由於職務關係，我在假日和星期天都不用待在牢房。也不用去工作，而是跟其他職員一起待在辦公室，抽菸、聊天或下棋。其中一位是摩士[4]，就是那位在華爾街頗有名氣的傢伙。據說，為了讓他出獄，有一間知名的輪船公司花了整整一百萬美元。

他這個人還不錯，非常有錢、愛好自由、會社交。而且精通華爾街的金融生態，可以倒著看證券交易所的行情。

有一天，他走進典獄長的辦公室，希望發一封電報給他的股票經紀人，經過一番爭執

之後，典獄長讓步了，說只能用一條線，而且必須一次到位。摩士按照要求做了。

幾天之後，他再次走進典獄長辦公室，遞出一張兩千美元的支票。典獄長想知道是給誰的，又為了什麼。

摩士說：「給你的，是那封電報的分紅。」

看來他從那次交易賺了不少。但典獄長無動於衷，先痛罵摩士一頓，甚至威脅要把他關起來。典獄長的暴怒完全沒有影響他，但他之後就不被允許發電報了，至少不能在這間監獄裡發。

對他來說可能都差不多，只要想賺，沒有賺不到的錢。他的資產聽說超過七百萬美元，不管怎樣，他沒在這裡待太久。他被判刑十五年，但不打算全部吞下去。

眾所周知，他找了哈定總統（Warren G. Harding）的內閣——多爾蒂擔任律師，沒人知道他花了多少錢。但幾年之後，多爾蒂卻登報，說摩士還欠他五萬美元。

在多爾蒂的協調下，摩士的案子傳到了白宮。這時摩士開始吃肥皂和其他東西，沒多久就出現了運動失調或腎臟病的症狀，我不記得了，因為根本不重要。他得到了病情危

4

Charlie W. Morse，綽號「紐約冰王」，從事欺詐和非法商業活動的知名投機商人。

急的證明，於是被轉移到了喬治亞州的奧格爾索普堡（Fort Oglethorpe）。幾個月之後，他就得到塔夫脫的特赦。他在十五年刑期中被關了兩年多一點。只要獲釋，他的病自然就好了，八成又多活了十幾年。

我在亞特蘭大一直待到期滿，因為付不出罰款，最後還多關一個月。雖然我表現良好，但我沒有申請假釋，原因我不記得了。一九一二年七月，我無條件獲釋，沒有被驅逐出美國。

7 首次創業

龐茲即將成為布羅克頓的水電之父，卻因為熱愛助人的天性而停下腳步……

在桃樹街被那兩個特勤局的人威脅，那次經驗讓我相信了這個老玩笑——亞特蘭大是個連富家子弟都待不下去的地方。實際上，亞特蘭大跟喬治亞州的其他地方一樣，只有地頭蛇，沒有別人會來。三K黨非常猖獗，瑪麗埃塔街上還流著弗蘭克的鮮血。[5]

我馬上離開亞特蘭大，甚至比馬上還快。開往阿拉巴馬州的午夜列車的引擎聲響起時，我已經在車上了。為什麼要去阿拉巴馬州？沒有特別的原因，只因為它在西部，然後當年有句流行話：「去西部，年輕人，去西部！」

5　發生在一九一三年，由於反猶太主義爆發的美國著名私刑案件，又稱「弗蘭克案」。

幾年之後，占星家說我當時的選擇大錯特錯，我不該去西部，因為我的星象指向東方。他們沒說錯。你如果想要發跡，就應該追隨太陽，所有人都知道。不過，那時往東的鐵路上滿滿都是人，旅客要通宵達旦排隊才能到窗口買一張車票。

總之，我去了伯明罕。除非發生意外像是被火車撞飛，否則我不會錯過這裡，但其實錯過了我也不會遺憾。我在那裡唯一感興趣的是一位「庸醫」，是我在普羅維登斯的一個老朋友。

他有一間醫院，而他有沒有醫生執照是另一回事。或許有，或許沒有。之前在遙遠的普羅維登斯，他沒有執照，最後匆忙離開。他可能是在伯明罕弄到了一張，但我不知道他怎麼弄的。因為他唯一懂的「藥」，只有小時候吃的蓖麻油這種偏方。

我正好看到他醫院的招牌，被上面的簽名吸引住了。很眼熟。出於好奇，我走進去一探究竟，想知道是剛好同一塊招牌，還是其實根本就是同一位「醫生」。我一看到他就認出來。

我們聊了一陣子，他把自己的「事業」和盤托出，聽起來好過我的經歷。他解釋說，醫院只是個「工具」，一種很好的工具，讓他可以好好幹活。幹什麼活？敲詐煤炭公司。

他的模式是這樣的：他在每個礦場設置代理人，並按件抽佣，只要有礦工發生了意外，

尤其是小意外，代理人會唆使礦工誇大傷勢，讓一切看起來像是內傷，並拒絕公司提出的任何賠償。

根據受傷的性質，傷者很快（或在適當時機）就會被送來這間醫院，然後待個幾週、幾個月，過著舒適的生活——對礦工來說夠舒適了。庸醫會接著向公司報告狀況，並偽造內傷的診斷證明。最後，雙方不得不討論解決方案，這其中總是包含了醫藥費與掛號費，數字之大，連霍普金斯（Johns Hopkins）和梅奧診所的有錢病人都會嚇倒。此外，還包括給礦工本人的一些賠償金。醫院會要求五五對分。

他的醫院總是客滿，怎麼會不客滿？如果沒發生事故，礦工甚至會製造假事故。有些人叫自己的「夥伴」拿小煤塊砸自己，或故意堆起煤渣，然後找人「幫忙」，說是一次坍塌事件。庸醫會證明這些事情的真實性，然後收費。以上手法，表示馬戲大亨巴納姆（P.T. Barnum）所言不假：「每天都有一個笨蛋出生。」（There is a sucker born every day.）」而笨蛋就是煤炭公司的理賠專員！當然，你只要不要太虛弱，這種生活會非常愜意。

我得到了進入這行業的好機會。他要我入行，理由不是因為我只懂一點醫學知識，而是因為我很了解他的過去與手法。但我不喜歡敲詐，我喜歡自己方便也給別人方便。而且在我看來，這家醫院會害我再走回頭路，成為阿拉巴馬州的囚犯。我敬而遠之。

後來我去了布羅克頓（Blocton）。這座採礦之城有非常多義大利人，我覺得我的英語能力可以派上用場。實際上，我在那裡勉強可以維持生計——有時充當翻譯，有時幫商家讀字，偶爾充當護士照顧受傷的礦工。

小鎮生活一點都不無聊，有受洗、婚禮與其他慶祝活動。人們的生活比在大城市快樂，就像是幸福的大家庭，有真正的兄弟情誼、拚勁，以及睦鄰之愛。那裡的主人是煤王（反覆無常的煤炭壟斷企業）它讓所有男人、女人與小孩都懷有希望與恐懼，卻也讓我們所有人團結。這個社區的快樂飄忽不定，取決於煤王是否分享成噸的黑色珍貴礦物，還是選擇摧毀人類的生命！

我擔任護士時，很快就發現這個社區不對勁。這裡沒有自來水，沒有電。人們用的是井水或泉水，照明則靠蠟燭和煤油，很不利第一時間的救護。但急救是必須的，醫院則在兩英里外，唯一的交通方式是步行。

我決定要讓這裡有電與自來水。我所謂的「決定」就等於「行動」。就算是當時，我在推銷方面也毫不遜色，因為金錢對我來說永遠是最後的因素，始終不會是第一個。為什麼要擔心錢？資金總是會有的，重要的是要有想法，要一個能包裝、出售的可行想法。

我所需要的水與電，包括了汽油引擎、抽水機、發電機還有貯水槽。社區坐落於山坡上，山頂和另一側的斜坡上還有另一個當地人的小社區，但是非常排外。山坡下面有一條小溪。我們整個社區是根據憲法規章組織起來的，有一個類似城鎮委員會的機構。

我沒花多少力氣就召開了鎮民大會。我張貼布告，把消息傳出去。一個週日下午，我們聚集在城鎮的大廳中，我被介紹上台發言。

我說：「各位，我就不浪費時間說廢話了。我們大家在這裡，是為了討論出可行方法，讓社區裡的每戶人家都有電和自來水。我做了一個粗略的調查，發現有個方法似乎可行。

先把小溪的水抽到山頂的貯水槽裡，在那裡分配水源。之後帶動抽水機的引擎也可以帶動發電機發電。不過，我目前還不知道工廠、管線的費用。我沒有資金。

「我提議先估算一下預算，然後我會成立一間公司，讓社區每一位成員都能認購一份或多份特別股，以此籌錢來付這筆費用。至於我個人的付出，我想留有普通股的認購權，我可以出售股票來平衡公司的日常與緊急開支。

「只要我能算出公司營運成本與特別股攤銷的數字，這時委員會就可以訂定水電的費率。我希望費率可以給普通股合理的利潤空間，也希望促進社會福利，但我同樣認為，我付出的時間、精力和服務該得到回報。」

「現在，我要求在此發起一次表決。請大家支持我的行動與努力，讓委員會給我一張特別許可，讓我有權限使用空間建造發電廠、貯水槽，以及鋪設管線。謝謝大家。」

所有人一致通過。幾天後，我在委員會的特別會議上得到了特許經營權。我找了一家電力設備公司，他們派了幾個工程師過來，勘查之後給我一些數據。再過一個月左右，這個工廠就可以建成。

不過，發生了一件事情打亂我的計畫。屢試不爽！簡直是宿命，這完全出乎我意料之外。就像一個花盆從三樓的窗檯上落下，結果正好砸到了一個人。

這次是一場意外，但當事人不是我，是煤礦公司的護士，一個名叫珀爾的女孩。她平常用煤氣爐給病人做飯，但爐子爆炸了，她整肢左臂、肩膀，以及一部分胸部都燒焦了。

意外發生幾天後，煤炭公司的托瑪斯醫生來到社區。我們感情還不錯，即便不一定順路他總會來找我，這次也不例外。他到我住的地方，喝了一瓶啤酒之後，我們談到那個護士。

「珀爾的狀況如何？好點了嗎？」我問。

「很嚴重，幾乎是沒救了，組織開始壞死了。」醫生說。

「沒有方法可以救她嗎？」我問。

「皮膚移植或許可以吧。我是想做做看移植，但我找不到一個人願意為她捐出皮膚，一小塊也沒有。」醫生回答。

他說，他已經問過社區的每一個人，但所有人都拒絕了。

珀爾這樣的年輕女生要悽慘地死去？這似乎不太公平。她當護士的時候對病人很好，很難想像那些人都忘恩負義。一想到他們如此自私、懦弱，連一小塊皮膚也不願意拿來救人一命，我就熱血沸騰。

「醫生，你需要多少平方英寸的皮膚？」我問。

「我猜要個四、五十吧。」托瑪斯醫生回答：「但在這個兩千多人的社區裡面，我連十平方英寸都找不到。」

「醫生，你錯了。你已經找到了，你要多少我就給多少。」我說。

「你嗎？你要捐全部給她？」他像是害怕聽錯。

「沒錯，醫生，我要捐。」我肯定地說。

「什麼時候要？」我肯定地說。

「不能拖太久。」醫生說：「但我也不想催你，你最好先準備一下，打起精神。你什麼時候能準備好？」

「現在就準備好了。」我回答。

托瑪斯醫生仔細地看著我，接著才開口。他想確保我不會退縮，而他顯然在我眼中看到了決心。

「那好吧，跟我來，但你最好穿上外套。」他提醒我。因為他發現我急著走，結果只穿了一件襯衫。他似乎眼眶泛淚。

當晚，我躺在手術台上。

我麻醉之前，我問他打算取走哪些地方的皮膚。

托瑪斯醫生說：「大腿。順便問一下，哪一條腿比較方便？」

我告訴他：「都可以。如果需要，兩條腿都拿去吧。」

他真的拿了。我醒過來時，雙腿到屁股都纏著繃帶，劇痛難耐，天啊！但跟朋友相比，雙腿劇痛又如何？沒什麼！接下來的三個月，我大部分時間都待在醫院。那我康復了嗎？

沒有，因為他們要分期手術，所以又被取了一些。全部都可以做幾個手提箱了。但我不後悔，這些皮可能救了那個護士的命。如果沒救活，那至少也救了她的手臂。無論如何，我很高興能幫助他人——不管我付出了什麼代價。

我身體當然很痛苦，折磨確實不輕，而且還可能有併發症，例如肺炎，但其實最嚴重

的是胸膜炎。在生意上，這讓我的發電廠成了泡影。但我還是會說：在英薩爾[6]發跡的美國，區區一個發電廠算什麼？沒什麼！真的沒什麼！英薩爾沒錯過機會，我也一樣。

6 Samuel Insull，愛迪生在通用電氣公司的助手，但他不因此滿足。而後到前往芝加哥創辦投資電力公用事業，做出極大貢獻。

8 助產師龐茲

誰說只有醫生可以助產？只要有愛與勇氣，誰都能在一夜之間改頭換面。

一九一四年春夏，我來到阿拉巴馬州的莫比爾地區（Mobile）。我是從彭薩科拉（Pensacola）搭乘沿岸輪船「海鰱號」來的，但我不是一般乘客，而是承包的油漆工，負責甲板的油漆。我跟船長嚴重爭執，我叫他見鬼去吧！結果我做了該做的工作，結果卻收不到工資。我回去彭薩科拉，而我留在莫比爾。

那段時日，所有城市都差不多。我發現自己多少有油漆的天賦，我尤其擅長畫指示牌，任何種類的都會，而且室內粉刷也行，所以幾乎到處都可以謀生。我有辦法從一個城市輕鬆換到另一個。

剛開始，我在莫比爾做得不錯，然後就開始鬆懈了。準備離開時，我注意到當地報紙

上的一則廣告。

「醫學院招聘圖書管理員，有意願者請親自申請，」我提出了申請，因為我懂希臘語，那些醫學術語對我來說不完全是希臘語，而是我看得懂的東西。我因此應徵上。薪水不高，但我接受了，原因在於，這份工作既體面又合宜。大概很少人會像我一樣珍惜這個職位——我在醫學院的解剖室裡吃午餐，裡面全是泡在甲醛裡的屍體，這裡沒有火腿，但我的工作可能會需要從大體的腿上切下一片。

談到合宜，我也見識到醫學院學生的各種惡作劇。有些男學生實在是很可愛！他們只差沒有把傷寒桿菌從試管倒進我的湯，或是把一整籠注射了霍亂病毒的豚鼠放進圖書館。他們的惡作劇會引人發噱。一天晚上，暴風雨吹熄了燈火，我在黑暗中進入室內。我的房間在一樓。我鑽進被窩的那一刻，感覺床上有人。我猜，應該是有學生喝醉了。結果不是。那是一個處理過、僵硬的黑人屍體。我沒辦法自己把他搬到二樓，所以就先暫放在地板上。那天晚上我們睡得很安穩，不過我起得比較早。這就是大學生活，一個接著一個的惡作劇。不過，這種惡作劇當然是雙向的。

圖書管理員的工作其實最無關緊要，只要替一萬多種圖書、期刊編出目錄就可以了。我負責打字，有時要領著我按時上班、然後發行圖書，並參與了學院刊物的出版工作。

訪客參觀大樓。晚上也不例外，因為醫學院免費的婦產科門診服務讓我閒不下來。

假如有待產媽媽打電話來，我的職責也包括派兩個學生帶著藥箱趕去。可是學生到處亂跑，不會乖乖待在家。有時找不到人，或是他們根本在躲我。這種時候，我就成了助產師，自己去產婦家裡。其實也沒多難，幾乎都是正常狀況，不是特殊狀況。我在工作之餘，也從課堂、書本、手術、解剖的觀察之間，得到了到府助產的知識，跟醫學院學生差不多——但實際上，大概比差厲害一點。畢竟，這只是等待的問題。大自然會做得比我好，船到橋頭自然直，都是遲早的。對我來說，我等待的煎熬還不如那些準媽媽。

總之，這份工作很適合我，我和老師、同學們相處得很好。我喜歡莫比爾，喜歡這裡著名的莫比爾海灣、這裡的氣候、這裡的一切。但這種滿足沒有持續超過一年，我早該知道不會長久。我如果知足，那就不會有接下來一連串壞事。

我必須先說明，醫學院屬於阿拉巴馬大學，這所大學位於塔斯卡羅薩（Tuscaloosa），而醫學院與大學本部分離，位在莫比爾。因為醫學院必須靠近大型醫院，而莫比爾比塔斯卡羅薩大一些，有更好的醫院設施。

我不知道醫學院沒有蓋在伯明罕的原因。我只知道它在莫比爾。當時有一群伯明罕的醫生千方百計地想要讓醫學院遷到伯明罕，而莫比爾的醫生們也費盡了政治手腕，希望

保住這所學校。

打從我進入醫學院，我對老師們的忠誠，讓我自然而然選擇支持他們。但我的職責除了合作出版學院刊物，當然不包括參與這個議題的辯論。所以，我跟一位教授合作參與。

我跟他在這場戰鬥中是真正的「兄弟」，他是伯明罕那群人碰過最狂熱的對手。至少大家都認為：只能靠他了。我對他的忠誠深信不疑，直到發生了一件事，動搖了我們對他的信心。

在他準備去渡暑假的前一晚，他跟我單獨在他的辦公室。他在整理文件，照常給我一些工作，也照常安排事情。他準備離開大樓時，遞給我兩封信。

他說：「一定要在今晚寄出。因為我明天一早要搭火車去那裡，我希望信先寄到。」

我不想違背他。他一走，我就準備去郵局。但我恰巧看了信封一眼，發現其中一封的收件人是一位伯明罕醫生，這位醫生參與了從莫比爾遷走醫學院的計畫，而且積極出了名。另一封是寄給我們大學的校長，而這位校長一直被我們懷疑想對莫比爾不利。我當時嚇壞了，據我所知，最不可能寄這兩封信的就是這位教授。最不可能。我慌了手腳，因為似乎不對勁，但也不能斷定教授背叛我們。我不知所措。

我對醫學院的忠誠佔了上風。我決定打開這些信，如果內容沒有背叛，那我可以封好

再寄出。

我打開了信，也讀了信。事實證明他一直在出賣學校，與伯明罕的那幫傢伙聯手。方向已經很明確了，我對學院的忠誠，讓我沒辦法隱藏證據。無論如何，我都沒有壓抑的理由。他根本是間諜，所以我什麼都不欠他，該承擔後果的是他。

我打電話給弗雷澤（Frazer）醫生，請他馬上來學校（後來他接任了學院院長）。他來了，我給他看了那些信。他讓我重打了一份，然後拿走正本。隔天早上，那個雙面教授被逼迫辭職。他在那種情況下也待不下去了。

幾天之內，這件事就傳到了校長那裡。校長站在伯明罕那一邊當然也讓學校的教授們很失望，他們覺得校長應該保持中立。我不知道校長在信裡怎麼寫，但他明確表示要把我開除。

弗雷澤把信給我看。我笑了，請他別太在意，畢竟寫這封信的人也快瘋了。

「他是我在這所大學裡的老闆，我必須服從他。」弗雷澤說。

「別這麼感性，如果要開除就開除吧。但你最好警告他，如果被解僱，那我會提起訴訟，讓全世界都知道原因。」我告訴他。

「我沒辦法警告他。他只想聽你被我開除的消息。」弗雷澤拒絕了。

「好吧，假如我現在跟之後都沒被開除，那真是他的壞消息。轉念一想，我應該可以讓你好做事。我明早會給你一封信，請你幫忙送去。他看過之後，如果還是堅持要開除我，那你就照做吧。」

我真的給這個失職的校長寫了信，文情並茂。我辱罵他嗎？當然沒有，都是一些客套話。但我把他逼到困境，讓他自己想辦法。這是他自找的。結果，他沒有馬上把我開除，而用別的方式對付我，不給我工資。所以在那個夏天結束之前，我還是沒了工作。

9 三萬美元的和平

龐茲化身正義使者，讓市長跟警察局長肅然起敬，而他卻發現和平竟如此廉價。

我離開莫比爾去了紐奧良，正好見證了一九一五年九月那場可怕的颶風。「見證」不是說說而已，我真的身在其中！鳥之外的所有東西都在飛！從商店招牌、木片、瓦片、樹枝到鐵皮屋頂！濱海大道的樹木彎得跟小草一樣。我從來沒看過這番景象，之後也沒有。這一直是這座城市最嚴重的災難，直到朗恩[7]的出現。朗恩是扭曲的政治家，他在地獄的一端，任何人或自然力量都無法打敗他。

紐奧良的杜蘭大學不需要圖書管理員，他們可能要找的是記分員。但我連自己都管不

7　Huey Long，美國政治家，曾提出「分享財富」計畫，被稱為法西斯主義者。

好，更別說記錄整場比賽的分數。完全不可能，看著一方我就會忘記另一方。

於是我又回去當油漆工，這個老工作很好，而且可靠，甚至比海浪還穩定。對店主來說，比起把店搬去找招牌，弄個新的會比較便宜。我工作、他們工作，然後我們一起工作。到了狂歡節，紐奧良看起來又跟前幾個世紀差不多了，但還加上了一些油漆的點綴。

我的招牌就像克里奧爾人（Creole）一樣閃亮。

就城市的外觀而言，春天之前都很正常。但這場風暴似乎激起了沿海地區與市場區的舊日夙怨。幾乎每一週都發生槍擊、刺殺事件。血都快比水多了。紐奧良的生活漸漸充斥著一次又一次的謀殺，情況很糟，居民紛紛賣掉自己的房子，然後拿錢去買墳墓。

蒙特利昂大酒店門前那一場大規模殺戮事件之後，我和一位義大利牧師在他家的餐桌前，討論到這個話題。我們都很生氣。這會讓所有義大利人陷入絕境。媒體一如以往，吵鬧著要求政府有所作為。市長撫摸他僅剩的幾撮頭髮，希望市民在開票前乖一點。警察掌握了一些假造的線索，最後毫無結果，像是在追緝彩虹。他們逮捕了除了犯人的一切，而殺手卻從容地把槍上油、把刺刀磨利。

我和義大利牧師都認為應該要做些事，但誰去做呢？那時朗恩還沒出現。所有人都不

知道從何做起，也不知道該做什麼——除了埋葬死者。死亡率如此高，以至於國家棺材公司（National Casket）的股票在交易所裡面漲翻天。保險公司都快破產了，禮儀業者人人買房。我們決定介入這場衝突，打亂敵人的節奏。

論身形與體重，我們兩個很弱，只要舔幾張郵票就會喘不過氣，而且我們也沒有調查用的照相機。不過，在肌肉與格鬥方面的不足，我們用創意跟心理學知識補足了。我們知道殺手敢如此大膽，是因為他們知道自己不會被揪出來。何必小心呢？那些找線索的警察，好像連坐在火堆上也找不到一點灰燼。他們的線民比小飛象還少，因為沒人敢說，連豬都不敢叫。然而，殺手們如果發現自己會被身分不明的人揭露，一定會開始害怕，於是放慢腳步。我跟牧師都這麼想——阻止一個人做壞事的最好辦法，就是讓他知道他可能會被逮到、並因此受罰。

上述這些聰明的想法，證明了我跟牧師都是瘋子，充滿了瘋狂的想法。我們年齡相仿，有很多共同點。他認為我油漆的功力不比他的傳道，也知道他傳道的功力比我的油漆。我們的信仰也不衝突，他是新教徒，我是天主教徒，但他根本不在乎我的信仰，我也一樣。總而言之，我們像是豆莢裡的兩顆豆子——共用靈魂的兩個身體。

我們對殺戮事件達成共識之後，決定採取行動。我們做了史上最瘋狂的計畫，真正把

命運掌握在自己手裡。毋庸置疑，假如這傳進社區給大家知道，那我們身上的子彈會比漁夫的魚叉還多。我們緊緊拴在一起，也將患難與共。

我們組了一個雙人委員會，而我們就是這個新祕密組織的發言人。不過，這個組織只存在於我們的狂熱想像中。我們在午夜鐘聲響起時，偷偷溜進《紐奧良日報》（*New Orleans States*）的編輯辦公室，偷偷請他把我們帶到一個可以放心說話的地方。我們說，這件事生死攸關。他看著我們嚴肅的樣子，可能覺得也關乎他的生死。但他認為，對他來說最安全的是先迎合我們。他為了趕快弄清楚我們的背景，把我們帶到一個小房間。想看看我們到底是瘋人院出來的，還是兩個殺人犯，或者兩個真的有故事的好人。

「說吧。」他用了一種萬用問法。我們當然是來這裡「說」的，但他不知道我們是來說故事，還是要他的命。他覺得最快的方式，就是用這句話讓我們攤牌。

我提醒他：「先生，先別急。誠實以告之前，需要先得到你的承諾。你無論如何都不能洩露我們的身分。如果有人知道我們來找你，我們馬上就會被殺。你可以保證嗎？」

「是的，我保證，我不會跟任何人透露你們的身分。」承諾之後他問：「但你們要說什麼？」

我告訴他：「是這樣的，義大利移民裡的一些好人決定自己解決問題，結束這一切。

他們成立了一個祕密組織，誓言讓所有成員收集謀殺案嫌犯的一切資訊。這些資訊每天都會上報給行政長官，整理起來交給警方。這個祕密組織的線民非常多。」

「這個組織有哪些成員？」編輯問。

我回答：「我們無法透露。但有非常多義大利人參加了第一次集會，而且立下誓言。他們不能被懷疑，所以都分頭、分批前來，與組織領導人進行討論，並且信守承諾。他們用暗號聯絡。他們也是分頭、分批離開的。我們只能說這麼多了。」

「你們兩人呢？」他問道。

「我們得到授權，負責與媒體、政府以及警方溝通。我們第一個任務就是來找你。之後還會安排跟市長、警察局長見面。我們帶來了一份副本，內容是第一次會議通過的決議。這就是副本。」我把文件交給他。這其實是我跟牧師吃完晚飯之後寫的。編輯接過，仔細讀了起來。

他說：「太棒了，我打算把這登在明天早報的頭版。」他看著文件最後面的簽名，問道：「這是誰的簽名？」

我回答：「我們的，這位牧師是組織的執行祕書，我是執行董事。但你千萬不能公開我們的名字。」

他承諾：「當然不會，這份文件離開我手之前，我會把簽名剪掉。」

我們在編輯的辦公室裡待了很久，足以讓人稱讚我們的公民責任心。我們同時也做了一些安排。我們告訴編輯，我們很樂意跟市長和警察局長見面，但地點不能在市政廳或警察總署，不然可能會被發現。

他提議：「你明天早上打電話給我，我去跟市長和警察局長談談，問問他們可以會面的地點。」

隔天早上，《紐奧良日報》的頭版寫了昨天午夜發生的事，文中將我們描繪成「法律和秩序」的未來殉道者。雖然，他們的用詞沒有讓我們跟柯立芝（Cal Coolidge）和密爾瓦基（Milwaukee）的啤酒一樣出名，但效果差不多，內容大大讚揚了義大利移民區的守法之人。那份決議被公開了，而且刪去了簽名。感謝上帝！我和牧師擔心會被公開，整個晚上都在等報紙。如果被公開，那黎明之前就要跑路了。

這則獨家新聞讓《皮卡尤恩時報》（Times-Picayune）跟其他報紙的編輯爆炸了，那天早上，他們辦公室裡的髒話比無神論者的集會還多。

記者們似乎睡醒了，全部趕去義大利移民區。報社要他們帶些新聞回去，否則乾脆不要回去，甚至為了大新聞祭出高額獎金。但怎麼可能打聽到？他們不如去海邊採訪蛤蠣。

義大利人通常說話很小心。首先，他們根本無可奉告，因為他們也不會比記者懂。再者，他們怕得要命，根本也不敢多說。

事實上，他們處境很矛盾。他們不能否認自己是祕密組織的成員，否則會被指為支持犯罪分子。但他們也不能冒著生命危險承認自己就是成員。不管怎麼做都很麻煩。

更糟的是，每個人都他媽的相信這個虛構組織存在。沒錯，所有人都覺得自己被排除在外。假如他素行良好，那他會開始擔心——他覺得自己被忽略了，原因可能是其他人懷疑他是犯罪者。他不但會擔心，而且還很恐懼。

我和牧師沒有料到這種結果，直到我們照常在義大利移民區散步。看著其中一些人，我們感覺很可悲。平常健談、愛交際的人都沉默了，而且變得相當無禮。或者，他們只是竊竊私語，也可能不停回頭張望。他們表情嚴肅，在街上相遇的時候交換手勢，代表無聲的問題與答案。這是南義大利人特有的文化。這說明了許多事，尤其是他們對於未知的恐懼與焦慮。

我和牧師沒在那裡待太久。我們無法，因為知道真相，所以非常緊張，害怕大笑出聲。那整區都失去了原有的快樂，我們決定回家放鬆一下，並且打電話給那位編輯朋友。

但似乎連微笑都很嚴重，我們會完蛋的。

我們打電話過去，他說，市長想見我們，感謝我們所做的一切。警察局長也是。他非常急於跟我們討論見面事宜，然後約定好時間地點。那位編輯開車帶我們出城，然後警察局長開車載市長跟我們碰頭。

車子拐進一條小路之後停下。我們下車互相介紹，談了差不多一個小時，主要是和警察局長交談。為了每天報告組織的活動，我們必須和他協商。他給了我們一個電話號碼和一些能驗證身分的暗號，說我們只要打電話，另一端的人會幫忙傳話。另外，他還想要派警察來保護我們，但我們拒絕了。絕對不能讓警察有機會發現我們是騙子。

市長沒有多說什麼，只表示會全力配合。我們覺得要結束談話時，編輯插話了。他建議市政府應該資助調查，而市長欣然接受。反正，那也不是他的錢──他說他可以很快拿出三萬美元。想得到嗎！他已經準備好丟三萬美元給我們了。我和牧師感謝他的慷慨，但實際上卻很恐慌。當時的狀況下，接受金援是非常危險的。

散會之後，我們回家商討了一下，認為他們太入戲了。接下來要怎麼應對？我們不想要這筆錢，其他的也不要。

我們只是兩個瘋子，但不是騙子。如何拒絕這筆錢，卻又看起來很老實？我們討論得越深入，就越覺得充滿危險，稍有不慎就會掉入深淵。

我說：「一走了之吧，這個城市越來越令人不舒服。」牧師說：「一起走？」

我回答：「絕對不行！我欣賞你，但我們兩個就像硝酸和甘油[8]，分頭的話是無害的，但融合會會有大麻煩。」

我們就此分道揚鑣，那位牧師立刻申請轉調至一個遙遠的教區。我則應徵上卡車公司的國外業務員，工作地點在德州威奇托福爾斯（Wichita Falls）。紐奧良的市長、警察局長以及《紐奧良日報》的編輯只能自求多福了。我從沒想過他們的看法，也不知道他們是否發現自己受騙。如果沒有，那現在我寫出來了。我想說，這個惡作劇不是出於惡意。希望他們開得起這個玩笑。

8
結合會產生硝化甘油，是一種炸藥。

10 行動派

在龐茲的字典裡，「做夢」跟「行動」並無二致，他在私人生活中也是如此。

我在威奇托福爾斯第一次接受了外國通訊員以及銷售員的訓練。我任職的公司專門生產卡車，透過海路運往世界各地，幾乎在世界各國都有代理商與客戶。當然，除了德國和它的盟友。

我們所有的對外貿易都是透過郵件、電報進行，包括英語、法語、義大利語、西班牙語或葡萄牙語。此外，員工也要知道航線與價格、各國關稅、外幣與外匯，以及郵資與電報費。這一切知識，對我在美國的未來職涯十分重要。

威奇托福爾斯的生活並不有趣，我們的工廠離市區大概有兩英里，在一片大草原的邊緣，有典型的西南部樣貌，離奧克拉荷馬州不遠。辦公室和宿舍非常近，由於無處可去，

我常在下班後繼續工作。

這個地方唯一有趣的是一隻熊，一隻貨真價實的成年大熊。我忘記牠是守衛還是經理養的，但我記得籠子就在辦公樓前面。下班之後，守衛都會讓牠放風，讓牠到處晃。這隻熊老是直接上樓到我的辦公室，讓我嚇得魂飛魄散。這隻熊老是直接上樓到我的辦公室，讓我嚇得魂飛魄散。我突然聽見牠在椅背的呼吸聲，或猛地看見牠正從桌角轉頭。然後我會跳起來，咒罵一頓，但我沒辦法跟牠吵架，也不能趕牠走，只好關門躲起來。我不需要這種寵物，牠太龐大，會把我從屋子的一邊丟到另一邊。這種動物根本不可愛，尤其是牠刺鼻的氣味，一隻就堪比十幾隻臭鼬。

威奇托福爾斯這一間卡車公司的所有者是「坎普和凱爾」，但我到現在還不知道他們兩個是誰。我認為他們是威奇托福爾斯的代名詞——他們擁有你眼前的一切。一個東西如果不是坎普的，那一定是凱爾的，反之亦然。我不確定他們是真人，還是傳說，因為我從來沒見過這兩人。就像我也沒看過「美國最有錢的人」一樣，不過，據說那人就在美國的加油站、便利商店、國家城市銀行（National City Bank）等地方出沒。總之，只要硬幣開始變少，你一定會發現他就在你的社區附近，想盡辦法讓鑄幣廠的人加班，這樣才能供應貨幣。他們好像自認為在發紀念品，但每發一分錢，他都要裝一美元到自己的口袋。

談到百萬富翁，我在威奇托福爾斯曾經有機會，非常好的機會。在我離開之後，這個地區創造了上億美元的財富——有人在此發現油田，油井如春筍般出現。我當時其實有足夠線索發現礦藏，但我視而不見，沒注意到這些。

事實上，我們週末還常常往那一區跑，去到今天的伯克·伯內特油田（Burke Burnett Oil Field）。星期六下午，我們一群同事會開卡車去那裡，帶著兩大箱啤酒、食物去大草原上露營。白天就去捉白尾灰兔和牛蛙來加菜。

牛蛙會躲在大草原上的水窪裡，而那些水窪的水面到處都是油，五顏六色。除了地下的石油，還能有什麼解釋？但我沒有停下來好好想過。如果我買下那整塊地，當時的價格是每英畝五美元！沒錯，這片土地的石油，讓它的價值堪比紐約市中心。

一九一七年一月，我離開威奇托福爾斯，到波士頓的一間出口公司當外國通訊員。這是我對未來的賭注，因為表面薪水不高，但前景看起來不錯。公司經營得有聲有色，還跟員工做了一堆慷慨的承諾。唯一的問題是，沒人可以靠「承諾」過活，我們這些員工就算少吃一點、多存一點，卻依舊欠下了一堆債務。我幾乎每天都餓得要死，明天吃的東西比今天還少。其他員工多少也都債務纏身。

我雖然在這間公司沒辦法生活「寬裕」，但還是有一些滿足。它讓我意識到，在美國

生活了十三年，我已經邁入下一階段：我具備了白領階層的各種條件，所以不是底層工作者了。尤其是外貿領域。也因此，就算報酬不高，我也會堅持下去，這樣才能得到更多經驗、人脈與朋友。最後我打算拓展自己的事業。

我當時三十五歲，是個喜歡享樂、隨遇而安的人，但有時稍嫌寂寞。我不擔心其他方面，卻發現自己沒有一個家。我喜歡漂亮的女孩，非常喜歡！總之，是從一段良好友誼開始的。我沒想過會在同一個社區，只隔了幾個街口的地方，遇到那個註定會成為我妻子的女孩。

陣亡將士紀念日前一天，我在午夜時分從音樂會散場，去博伊爾斯頓街（Boylston Street）的車站等電車。我跟一位年長的女士同行，附近有一個漂亮女孩也在等車，她旁邊有個年輕男子。我知道她沒等太久，因為我似乎能感覺到她的存在，而我轉身看她時，她正好踏上了地鐵站台。

看了她一眼，我感覺她散發的魅力、善良、純真與活力——她有著深邃、明亮、含笑的雙眼，以及漂亮的圓臉，還有波浪般的頭髮。我無法轉開視線，沉浸在如此迷人的畫面中。我呆站著目不轉睛，流露出的暗戀和仰慕應該有些失禮。

我不知道自己站在那裡看了多久，或許只有幾秒鐘，也可能長達幾個小時，對我來說

都一樣。除了那女孩，時間、空間、世界加上我周圍的一切都不復存在。

與我同行的女士發現我沉浸在幸福的遐想中，於是順著我的視線望去，看到了那女孩，而且認出對方。

我們走到她們兩位面前。

她說道：「哎呀，不是蘿絲嗎！讓我介紹你們認識，龐茲先生，她是我的學生。」

女士對她說：「蘿絲，我向妳介紹龐茲先生。」然後轉身對我說：「這位是蘿絲小姐。」

「你好。」女孩跟我打招呼，聲音跟長相一樣甜美。

「妳好。」我回她，而且毫不掩飾自我感受。我根本不在乎別人知道，事實上，我想把遇見夢中情人、無條件臣服在這種魅力之下的感覺分享給全世界。

她住在薩默維爾（Somerville），離我住的地方不遠，所以搭同一班火車，在同一節車廂大約二十分鐘。她和男伴坐在前排右側。回薩默維爾的一路上，我的眼神沒有離開過她。

我們到家時，與我同行的那位女士問：「你覺得她如何？」我回答：「太完美了，我想跟她結婚！」

「什麼，龐茲先生！你一定瘋了！」她說。

「沒錯！我為她瘋狂！」我承認，而且所言不假。沒有絲毫誇張。

過了八個月，我跟蘿絲在薩默維爾萬安街（Vine Street）的一個小教堂舉辦婚禮。此後，她成為我的伴侶。這位忠實的另一半，面對我日後許多悲傷與不幸，從來沒有動搖。她給我的鼓勵，讓我能面對人生緊要關頭，用兩人的愛打造信念。

蘿絲是我在美國得到最珍貴的禮物，她在美國出生長大，一直生活在波士頓。我非常感激美國給我這份禮物。我妻子是我在美國三十一年來一切苦難（不論合法與否）的巨大回報。我無法討厭、怨恨美國，它如此慷慨大方，讓我從一片滿是美麗花朵的花園中，摘下了對我來說最美麗的玫瑰。美國佳人！我的蘿絲！

11 學院街二十七號

這裡聚集的金錢，曾經比美國所有望族的財產加起來都還要多。

連結列克星敦（Lexington）和康科特（Concord）的橋上曾釀成「響徹世界的槍聲」[9] 事件。

我也希望自己要說的只是「槍聲」的故事。如果子彈呼嘯繞過地球一整圈，那開槍的人會被自己打死。

我的故事，其實跟列克星敦的槍聲沒有直接關係。我的故事翻盤了。但雖然沒有直接關係，兩者卻在聲音傳達的範圍上十分相似。我製造的「金融泡沫」的破裂聲也傳遍了全世界。平流層下每一個地震儀都記錄在案，寫下了學院街的歷史，正如那一聲槍響。

9　Shot heard round the world，發生在一七七五年，是美國獨立戰爭的早期事件。

學院街是波士頓最古老的地標之一，從它兩旁有住宅開始就一直存在。幾年之前，這條街很短、狹窄又擁擠，現在它還是很短又擁擠，但過了一半就不狹窄了──往特里蒙街的那段已經拓寬，因為那些大肚子政客出入市政廳的時候，絕對不能受到半點擠壓。政治家最討厭的，就是施壓。

這條街從前很有名。其中的歷史建築，包括街角的帕克豪斯酒店（Parker House），就以它的波士頓式「茶派對」聞名。過去，不久之前到現在都是如此。科普利廣場酒店（Copley Square Hotel）衰落之後，帕克豪斯酒店就成了波士頓的政治活動中心，可以從中看見各種民主黨人與共和黨人，他們分別都在不同階段（上升或下降）。有時當然也會看見一些糟糕的組合。

街上其他莊嚴的建築，還有酒店對面的小教堂、五美分儲蓄銀行（Five-Cents Saving Bank），還有不得不提的市政大廳。我不太了解小教堂的事。我從沒進去過，因為那裡禁止外人進入，可能是教派的緣故。

五美分儲蓄銀行有點變化。以前正門開在學院街，現在正門在普羅維登斯街（Province Street）那一側。有人說，這是因為學院街上的人太沒格調──我辦公室就在學院街，那時人們把錢從銀行裡拿出來，來我這排了長長的隊伍，銀行職員們心臟病都快發作了。所

以他們關起了學院街的大門，改開在另一側。

市政廳還是老樣子，是民主黨爭議的焦點。民主黨在此有巨大優勢，通常可以佔到高位，市政廳應該為此負責。他們提名的市長候選人一般會有十到二十位，黨內初選的時候很輕鬆，但到了選舉當天，要勝選簡直難如登天。共和黨候選人總是孤軍奮戰，所以勝率其實是十一賠一到十九賠一。

奇蹟偶爾會發生，像前市長尼克爾斯（Malcolm Nichols）就成功了。但他不是靠自己的力量，也不是靠民主黨——他不過是喊著民主口號溜了進來，而其他候選人還在內鬥。邪惡的政治家考克利（Daniel Coakley）也想當市長。除了尼克爾斯，還有另一個共和黨人坐過市長大位，他披著民主黨外皮，實際上卻是貨真價實的共和黨人。

柯利（James Curley）在我的記憶中，是波士頓史上唯一長期任職的市長，像是流感一樣趕不走。古埃及人認為在七年豐收之後會有七年飢荒，而柯利的四年任期比七年週期還有規律，卻沒人有意見。跟前後任比起來，他用他獨特的混亂方式，成為一個優秀的市長，非常討人喜歡。唯一的缺點就是任期太長了。他如果是當州長這麼久，那燈塔山（Beacon Hill）附近的小孩一定會祈禱發生大地震，把他震下州長寶座。

學院街以前很輝煌，但現在肯定臭名昭彰了，原因是最近一系列事件。古老建築上的

光輝已經消失，觀光巴士也不再停留，甚至連市政廳也不受歡迎。觀光客會走得遠一點，往華盛頓街的方向走去，在學院街二十七號——奈爾斯大樓（Niles Building）前面停下腳步。

其實，遊客只要來到奈爾斯大樓就不枉此行了。它有一段歷史，一段令人激昂的過去。到底是什麼，是什麼樣的過去？你看，觀光巴士的導遊滿懷敬意地指著奈爾斯大樓，將一切娓娓道來。聽他怎麼說吧。

他用擴音器喊道：「各位女士、先生們，這裡是奈爾斯大樓。這個小鑄幣廠為新英格蘭人民創造的錢，比所有《全國工業復興法》（National Industrial Recovery Act）加起來的還多，也比沃德烘焙公司（Ward Baking Company）更帶來生命力。這座大樓讓波士頓金融家心碎的程度，甚至超越一九三三年初的大蕭條。」

「各位女士、先生們，請好好看著這座大樓，因為你們眼前的是世界第八大奇跡。這是『金融怪傑』龐茲的公司前總部，他曾經在九個月內，用一張才六美分的回郵券賺了一千五百萬美元。請各位想一想！一千五百萬個閃亮的金幣！比你想像的還多！當時那樣的大蕭條時期，誰猜得到這個義大利小子拿著一張千元美鈔能為大眾做什麼？一張才六美分的回郵券？現在的政府又開始舉債，而他的錢可以還清國債六次。還清對他來說易如反掌，因為他有的錢比摩根、洛克菲勒、梅隆、福特家族的所有財富加起來還多。」

「再看最後一眼！各位女士、先生們，我們要離開了……我有點頭暈了。」

導遊大概不會說明我到學院街的經過。這不太重要，卻是故事的楔子。尤其是，假如我沒有去學院街，那我會繼續留在法院街（Court Street）的特里蒙信託公司（Tremont Trust Company）。事情發生在一九一九年春天。幾個月前，我辭去了工作，因為厭倦了薪水付不起房租，也付不起商店的賒帳；厭倦了為老闆賺錢，卻不為自己賺錢。我的財產所剩無幾，只夠支應家庭開銷一陣子。而我還沒決定要再繼續為別人工作，還是自己開公司。

我最後做了錯誤判斷，在清教徒信託公司（Puritan Trust Company）樓上租了一個沒有對外窗的房間。

房間裡有一張捲蓋式書桌，以及一把手扶椅。如果有生意的話，這裡勉強還可以稱為辦公室，但其實沒有生意。我在這裡唯一的目的，就是花幾個小時獨處，集中精神在紙上寫滿數字，都是天文數字，跟美國在德國賠款會議上做的事一樣——只不過我的單位是一元、一分，德國賠款的單位則是馬克。

我不確定計畫可不可行，或者只是一種希望。計畫誕生的時候，這座建築被特里蒙信託公司接管，準備拆除改建。我當時歸納出一個道理：如果我對任何老闆來說有價值，那麼我一定能為自己帶來更多價值。我從來沒想過自己不是個頂尖人物。所以，我拿著

筆記本與鉛筆（因為傢俱不屬於我），又搬進了學院街的奈爾斯大樓。我在五樓租了一間又髒又小的辦公室。

我分期付款買了必要的傢俱和設備，像是桌子、椅子、打字機、文件櫃，甚至連小型排字印刷機都是。至於書本、目錄本之類的東西，有些從家裡拿，有些來自二手書店。我弄了一部電話，還有足夠的文書用品。我在門上簽了名，向全世界宣告「龐茲外貿公司」的名號。

以上就是我碰巧來到學院街的始末。沒有計畫，不是預謀，也不是為了偷窺馬路的市政廳。就算我可以看到警衛、財政委員會在幹嘛，也都無關緊要。我的故事出於一種奇特現象。因為這二人不會放棄有勝算的任何賭局，而且養成了壞習慣，想比挖土機挖出更多。

12 交易者指南

從外貿公司到史上最強商業刊物《交易者指南》，龐茲最後爬上了暴富的天梯。

我租下學院街的辦公室，原本打算要開著抽佣的進出口代理商，類似於外貿公司，尤其希望服務想做進出口貿易、卻又負擔不起代理費用的客戶。我絕對夠資格讓他們滿意，但我沒有人脈，在美國內外都沒有，所以我想利用廣發信件來建立。結果我發現，如果加入日常管理費用、文具費用、郵資，這樣一封信的成本是國內五美分，國外八美分。太貴了。這樣一來，我在還沒獲利之前資金就會先消失。

我尋找更便宜的方法，注意到廣告領域，尤其觀察外貿的刊物。我很快就發現，外貿相關的出版品每月發行量只有五萬份，其中廣告收費跟服務完全處於失衡。顯然，我們需要全新的刊物，用更低的價格提供更大的發行量。我自己設計了出版計畫，包含所有

細節，取名為《交易者指南》（The trader's guide），並以「波士頓廣告出版公司」的名義來宣傳。

雖然名稱很長，但我只需要在門上跟信上多加一行字就可以了。

第一個問題，是如何在全世界有極大發行量？答案是免費發送，因為人們從來不會拒絕免費的東西，這是天性。但如果語言不通也沒用，所以必須印出各種語言的版本——不用全部，只要英語、法語、義大利語、德語、西班牙語、葡萄牙語就夠了。

郵寄名單的問題很好解決。我所有想要的資訊在國內外的電話簿、美國國內外商務局，以及美國領事服務局就可以找到，類別都很齊全。但我不可能每一期都寄出幾百萬份，成本跟工作量太大了，所以我決定半年寄十萬份，每次都接觸不同讀者，直到我手上的名單寄完為止。這是一條漫漫長路，因為我手上有三百多萬個名字，甚至更多。

我不得不絞盡腦汁。首先，我必須讓人們對《交易者指南》保持興趣。其他競爭的出版物是每月出刊，對象是數量有限的同一批訂閱者；而我的刊物，卻會面向幾乎無限多的讀者。

再者，《交易者指南》內有可讀的內容加上廣告，但不是所有廣告都適合所有讀者，所以我要找方法讓內容送對地方。例如，愛斯基摩人對冰箱和電風扇沒興趣，而剛果人對皮草和暖爐也一樣。

我想到的解法是裝成活頁——我其實已經選好便宜的活頁裝訂夾，上面有幾個螺絲孔，我計畫要寄給讀者他們各自有興趣的內容與廣告。假如有幾頁新內容，我會寄給讀者，讓他們加到自己活頁夾裡，保持最新資訊。當然，每一期新寄送的十萬名讀者都會有同樣的封面，以及此前發行的所有內容。照著這個計畫，完整版與最新版的《交易者指南》會在第一年發送給二十萬名讀者，之後每年還會再增加二十萬。

假如這是免費服務，那我要如何承擔所有開銷？很簡單，就是出售廣告版面。閱讀內容與廣告版面為一比三，也就是說，我每發出一頁閱讀內容，就要賣出三頁廣告。真的可以賣出？當然可以！別的刊物都可以，我當然也可以。廣告商花一樣的錢，在我這裡的服務更好。

當時，最成功的刊物的廣告費是每頁五百美元，每月一刊，訂閱者有五萬人。花一樣的錢，《交易者指南》可以把一樣的廣告發送給十萬人，不僅如此，活頁設計可以讓廣告商精準地接觸目標讀者，而排除其他人。

此外，月刊的有效期只有三十天，在下一期發行前的內容算是當期，之後會被淘汰。過期之後就丟進垃圾桶。所以，廣告商如果要讓某一支廣告曝光在五萬人眼前一整年，需要花費六千美元。而《交易者指南》不會過期，這是一本永遠當期的參考書，必須年復

一年地保存，這樣才可以把新的內容加以分類、裝進活頁夾裡。要花五百美元買三十天的廣告，還是要用同樣的錢買永久性的廣告，甚至讀者還多兩倍——絕對不用思考，廣告商會優先考慮《交易者指南》。因為我的賣點無人能敵，甚至連對手都沒有。

一期《交易者指南》的封面、五十頁閱讀內容、一百二十五頁廣告，每一本的成本大約三十五美分。其中一百五十頁廣告可以有七萬五千美元的收入，如果封面也刊登廣告，大概還會有另外五千美元。前六個月的淨利會落在一萬五千美元左右，之後會越來越多。

《交易者指南》是個好生意，我那時這樣認為，現在也是。當初說出來，所有人都同意，卻沒人願意掏錢投資。

其中一位是麻州的前官員，跟他談的時候他非常有興趣，不斷鼓勵這個計畫，但他非常「謹慎」。我沒辦法說服他拿五千美元來投資《交易者指南》的一半股份，我猜波士頓公園如果每英畝賣五美元他應該也沒興趣。

我到處找錢，但一無所獲，最後典當了家裡所有的珠寶，抵押所有傢俱。不過我還沒把靈魂出賣給魔鬼，因為它發現只要等得夠久，我會自己出現。

在某個絕望的時刻，我決定向銀行申請貸款。我一定是絕望了，不然腦袋會更清楚。

我向漢諾威信託公司（Hanover Trust Company）申請兩千美元貸款。幾個月來，我在那裡開了一個支票帳戶。說真的，這比一般帳戶更麻煩——至少銀行是這樣認為的。但我不覺得，我每一天都要在銀行早上九點開門鐘響時，跑到出納員的窗口，去處理我前一天在銀行關門之後開出的支票。雖然我總是設法在支票到達之前趕去銀行，但記帳員必須花很多時間才能跟上。

申請兩千美元貸款時，我試圖表現淡定，語調跟討五美分零錢差不多。我的申請沒有進展，銀行總經理得知申請內容，抽了幾口雪茄之後就處理掉了，根本沒有送去信貸部門。我抵押財產的條件沒有打動他，我說自己是他們銀行的存款人，也毫無效果。

他冷淡地說：「對不起，我不能批准，雖然我們的經營方針是盡可能照顧存款人，但你的帳戶對我們來說，麻煩多過利益。祝你一天美好，先生。」

最後一句讓我氣得發火，我再次看著他走進他的私人辦公室。我離開銀行時，自言自語地說：「總有一天，我要吃下這傢伙。」

幾個月之後，預言成真了。我擁有漢諾威信託公司的一切。我在這家銀行有五百萬美元存款，我是唯一最大的股東，兼任董事會主席和執行委員會的常任成員。

在一次每週例會上，財務主管希望給這位總經理加薪。執行委員會開始漫長的討論，

我其中一個手下反對。我冷淡地坐著，財務主管有點不高興，建議開始表決，大家接受了。

我們的投票權是根據持有股份，財務主管認為，他們兩人加上他們親近的代理人，以及一些零星的票，就可以通過提議。但在總共四千股當中，我有一千六百二十五股，且根據協議另外控制了六百多股，我投了反對票。

計票結束，總經理說了一句：「我輸了！」

我告訴他：「你當然輸了！記得嗎？大概六個月前，你拒絕我兩千美元貸款，這是自討沒趣。」

我繼續說：「你可能忘了，但我還記著。你那時說，我的帳戶對這家銀行來說，麻煩多過利益。身為總經理，你實在太不聰明了。那個小小的帳戶現在有五百萬美元。比其他存款加起來還多，光是你六個月前的那句話，我現在就有理由結清帳戶了，這樣一來，今天我就不會是這家銀行的存款人。今天我拒絕給你加薪，因為我認為，你不是這個銀行太重要的資產。」

「那麼，我別無選擇，只能遞交辭呈了。」他說。

「你要辭職？隨便，但我不知道你有什麼資格辭職。銀行是我的，而你是我的員工。現在，你還可以繼續當個總經理，如果我覺得不再需要你，自然會叫你走人。」我說。

離題了。總之，我貸款未果之後，回到辦公室（那時已經搬到二樓一間稍大的房間），我找來我三個員工（兩名速記員和一名男孩），說下週六就不用來了，因為我付不出工資。他們希望留下來，為了「希望」而工作，我不能這樣做，也沒有接受。但他們的忠誠深深打動了我。

接下來，我在報紙上刊登了一則小廣告，轉租我的辦公室。立竿見影，不到一個星期就有幾個租客了。房租的部分解決了。玻璃門上原本只有「龐茲外貿公司」與「波士頓廣告出版公司」，現在又多了一些，整個像是目錄。這可能稍微打擊了我的自尊，雖然我失去尊嚴，內心卻得到了平靜。

我把《交易者指南》的計畫從腦中刪去。又一個紙牌屋倒塌了，但這不重要。我已經習慣追逐彩虹，如果一個消失，我就會追逐另一個。身為夢想家，我當然毅力驚人，從不輕言放棄。我不畏失敗，注意力從《交易者指南》轉移到國際回信郵票券，一道新的彩虹出現了，是前所未有的壯觀。我帶著新的精力與熱情去追逐，然後追上了──當我追上時，我發現有一千五百萬美元。我早該收工的，趁還能收拾的時候退出。可惜我沒有，所以我有了之後的故事。

13 郵票與鈔票

有了致富的方法，龐茲還發現另一個寶藏：找一個人借一百元，不如找十個人借十元。

國際回信郵票券[10]就像一顆熟透的蘋果從天而降，不用搖樹就可以拿到。我只要伸出手就摸到了，看起來非常好，甘甜美味。我檢查上面是否有瑕疵，發現沒有，我非得咬一口才行——如果連這樣都不吃，那我大概不是人。

我有天整理信件時，注意到一封從西班牙寄來的信，信的一角還釘著一張國際回信郵票券。這封信放在我桌上好幾天了，我拿起來讀一讀，裡面沒寫什麼，只是要求訂閱一

10 由萬國郵聯發行，是一種自一九〇六年提出至今的郵資憑據服務。

份《交易者指南》。那一張回郵券預付了回郵費用。我以前有用過，知道它是什麼，也知道它的功能。

我眼前這一張回郵券，外觀上跟我以前用過的回郵券一模一樣，由一家西班牙郵局簽發，所有細節都跟其他國家簽發的回郵券相同，唯一的差別在於，底部寫的是「西班牙」而不是其他國名。同樣地，最上面也用西班牙文寫著「三十分」。

回郵券的正面有主要的圖案，反面則有幾種語言的文字，寫著：「這張國際回郵券，可以在萬國郵政聯盟中的任何國家的任何郵局，兌換價值二十五生丁（centimes）的郵票，或等價的郵政服務。」

我偶然發現這張回郵券。那一刻我的腦袋極度清晰，因為就我所知的回郵券與外匯知識，我看到了投機的機會。這是一條無人涉足的致富捷徑。奇怪且令我驚訝的是，華爾街的金融奇才們以前都忽視了我這一條人生之路，但事情就這樣發生了——那些大師再也沒忽視我。我只是發現他們在打瞌睡，而當你搶在他們前頭，我敢說他們會一直跟著你，直到你的保險受益人拿到賠償金為止。

我的發現沒什麼科學意義，其實既不科學，也無關理論，比愛因斯坦的相對論簡單多了。真的非常簡單，我在紙上計算，在五分鐘之內就發現機會。

這一張回郵券本身有個簡單的故事。它是從西班牙一家郵局花三十分（centavos）買的，相當於美國的六美分。在美國，它可以兌換一張價值二十五生丁或五美分的郵票。這張回郵券能不能在美國兌換還有待確定，打電話問波士頓郵局就可以解決了，這還不急。

我在想的是，當時西班牙比塞塔（peseta）是一兌十五美分，而不是票面價值的二十美分。稍微計算一下就可以發現，按照票面價值，一美元可以買到六又三分之二比塞塔。我很快就發現，一比塞塔可分為一百分，所以六又三分之二比塞塔等於六百六十六分。我可以到任何一家西班牙郵局買到二十二張眼前這種回郵券，然後用六百六十六分錢，我可以在美國用一張回郵券兌換一張五美分的郵票，加起來是一點一塊美元。這筆交易，有十％的利潤。

十％的利潤實在算不上投機，但這個想法引出了另一個想法——有些外幣的貶值幅度比比塞塔還大，例如義大利里拉（lira）。當時一里拉兌五美分，之前是二十美分。一里拉等於一百分西米（centesimi），一美元可以換二十里拉，也就是兩千分西米。用兩千分西米，我可以買到六十六張三十分西米的回郵券——然後在波士頓郵局用這些回郵券換取價值三點三美元的五分郵票。利潤率是二三○％。

我當時是紙上談兵，但我內心對這個數字、結論都充滿信心。只要我有幾百美元，我

一定會馬上行動，可惜我沒有這種條件。一如往常，我發現了好東西，卻永遠無法獨自掌握。

面對「需要他人幫助」這件事情，我發現我需要比理論、理念更實際的東西。如果我的推論沒有確切證據，就沒辦法找到任何潛在投資人。

首先最重要的，是確定貨幣貶值不會影響回郵券的出售。我為此寄出三封信，隨信副上一美元鈔票。分別寄往西班牙、法國，還有義大利。我要求收信人將附上的一美元兌換成當地貨幣之後全部用來買回郵券，接著寄回給我。幾個星期之後，我收到回信與回郵券，結果與我預料的一致。

與此同時，波士頓郵局那邊答覆也讓我滿意，他們說可以兌換回郵券，沒有問題。

一份《美國郵政指南》加上隨便一份報紙的外匯行情，就可以完整提供一系列證明，支持我的理論。總體而言，我花了不到四美元就奠定了企業的基礎，九個月之後，投資額超過一千五百萬美元。

有個特別之處。購買、兌換回郵券涉及到的法律條文，保護的是回郵券使用者，而不是相關的各國政府。政府不能在沒有事先公告的狀況下，拒絕出售或兌換回郵券。就算他們懷疑有人從中投機，還是必須承受損失。

國際回信郵票券是一種類似於郵票的商品，是郵政服務的重要部分，而郵政服務由國家壟斷，政府必須保證讓民眾滿意。不管盈利還是虧損，任何國家的郵局都不能拒絕我購買郵票，也不能限制我想購買、兌換多少張回郵券。如果需求增加導致負擔沉重，他們還是不能拒絕供應。換句話說，履行合約條款的責任完全在政府那裡，而不是我。我只要做一件事，就是用現金買回郵券，再用回郵券換郵票。至於我處理郵票的方法，完全沒人可以插手。

我做回郵券的生意，不可能會違反任何規章、規定，正如上述。我只能說，這種交易不太道德，可是違反道德不違法。反正，環境使我在道德上麻木不仁。現在也一樣，沒人在乎道德，萬能的美元就是唯一目標，只要握在手裡，就不會因為不道德而被批評。

一開始我試圖借一大筆錢，但徹底失敗。大家太想知道我的計畫，但我沒辦法多說。如果太過公開，別人可能取走，然後不管我死活。所以，我講了一些可以激發大眾貪婪與好奇心的故事，就這樣。

在這個資金來源的問題上，我幾乎沒花什麼時間精力，很快就知道這只是試錯。因為我發現跟十個人借十美元，比跟一個人借一百美元容易多了。我也發現，要跟陌生人借到一點點錢，必須要有一點聲望，例如以公司的名義，這樣看起來更安全。所以我決

定成立公司，命名為「證券交易公司」（Securities Exchange Company）。我相信自己的思路正確，決定堅持到底。但我真沒想到！結局跟我預料的天差地遠！

14 證券交易公司

對群眾來說，「五〇%獲利」絕對不是可靠的投資，卻是極具吸引力的賭博。

成立證券交易公司的過程非常簡單，當年開公司還不用對付藍天法[11]，至少在麻州不用。所謂的《證券法》（Securities Act）直到一九二二年才通過。多說一句，在我看來這只是亡羊補牢而已。

開公司雖然簡單，但過程有些小問題，例如公司形式。我根本不懂如何起草公司章程，也不願意像以前那樣跟律師打交道。我信得過的律師太昂貴，而請得起的都不可信。那時，公司的附加成本超過了我想負擔的。

11 一類法案的俗稱，旨在調整、監督證券發行和交易、保護投資者免受欺詐。

我決定不用自己的名字，所以只能走向合夥企業。稍微研究一下，發現也不可行，因為找不到理想的合夥人。我不想跟不受歡迎的人合夥。我別無選擇，只能設計出一種新的組織形式，要可以不花錢達成目標──結果我想出一種「無合夥人」的合夥企業。

這種合夥企業的狀態可能會有法律爭議，不過，在我公司倒閉之後的開庭，竟然沒人提過這點。證券交易公司一直被視為「一人公司」，顯然法律規定，一個人「與自己為伍」是技術上可行的。老實說，法律上的怪人比怪奇博物館裡的還多，而且不全是法官。

當市政廳一位熱心的職員遞給我必要的登記表時，我看見上面要寫出各部門員工的姓名。我把自己的任命為總經理，要創造時間優勢、快速思考下一步。畢竟如果猶豫了，對方會怎麼想？

我想起了唐德羅（John S. Dondero）這個名字。他是我妻子的叔叔，是個頗受尊敬的人。登記畢竟形式，而我沒想到會有什麼後果，於是把他列為合夥人之一，以為他永遠不會知道。就算他知道，我還能跟他解釋原委。

我想到的第二個名字，是我在義大利認識的一個人。我以為他死了，後來才發現，他的死訊被「稍微誇大」了，就像名人都會在報紙上死很多次一樣。他其實活得好好的，但我當時不知道，想說他永遠不會知道，也不會在乎，所以笑著寫下他的名字。

這就是「無合夥人」的合夥企業的概念，是最理想的組織形式。低調，不會引人注意，卻又符合法律要求。假如我知道結局，那我當初會弄得更好，找另一個死人代替我妻子的叔叔，免去他許多不必要的麻煩，也會讓我更安全。死人不會吵鬧，法院發傳票也找不到人，更不會因為藐視法庭而遭傳訊。

證券交易公司就在這樣有利的環境下起步了。確實公司沒有資本，但也沒有醜聞、沒有負債。簡直是奇蹟。登記讓我少了一點生活費，差不多是一又三分之一包香菸和一張回郵券。

登記好之後，我的公司正式成立。就這樣，它有了地址、一些傢俱和設備，但沒有必要的文書用品，包括公司信紙。我還需要大概五十美元才算完備，這個預算是赤字，跟美國的預算差不多。我就算存五十個月也存不到五十美元。而且根本撐不了那麼久。

狀況不太樂觀，感覺波士頓連五十美元都沒有。當然，那些大銀行手上一定會有五十美元現金。更糟的是，有些債主開始找我，跟我討分期付款的錢（包括過期和逾期的）。

我如果要補這個洞，另一個洞就馬上漏水。這是我所見過最利尿的狀況。

有個債主常常出現，他是北區的傢俱商，專門為新婚夫婦提供傢俱，從擀麵棍到靜音彈簧床都有。我欠他辦公傢俱的錢，但那幾張白色松木桌椅其實是用橡木做的。

那天他來的時候心情很差，如果不是他的體型，看起來一定很可怕。他跟我一樣是矮子，所以我不慌張，請他坐下來好好談，他不願意。

我說：「你就請坐吧！這椅子還是你的，坐在上面所當然。」

他坐下來，從口袋拿出一些文件。包括收據、帳單、抵押證明之類的。我不需要這些，根本沒必要證明我欠錢，我不可能忘記。

他非要拿些錢才要走，否則就搬走傢俱。我不擔心錢被拿走，因為我根本沒錢，沒人可以從蘿蔔擠出血來；我卻想保留傢俱，否則只能坐在窗檯上，畫面大概會很有趣。

我必須投降，但因為沒有現金，我給了他僅次於現金的東西⋯本票。

他不屑地問：「你的本票對我有什麼好處？我已經有你抵押的東西了。」

我說服他：「我知道你有，但這是另一回事，聽我說。我要給你個建議，但你要先回答幾個問題。你一定有銀行帳戶吧？」

「是的，我有。」他承認。

我問：「你在銀行的信用狀況好嗎？可以隨時兌現本票？」他回答：「可以。」

我接著問：「你現在如果去兌現一張兩百美元的本票，會有什麼困難嗎？」他說：「我想沒有。」

我繼續說：「好，我現在如果給你一張六十天期的兩百美元本票，你可以馬上去銀行兌現，不是嗎？」他承認：「可以。」

「好，如果那筆錢、或那筆錢的部分能還清我的債務，那麼，形式對你來說其實無所謂，不是嗎？」我進一步說。

我說：「確實。我的建議是這樣的，我會給你一張六十天期的兩百美元本票，你去你的銀行兌現，然後把一百美元記到我的帳戶，這剩下的給我用，我需要時會自行取出。」

「本票到期支付的話是無所謂。」他說。

他說：「你要先說，到期的話你要怎麼辦？」我回答：「沒問題，現在告訴你。」

接下來十五分鐘，我都在解釋回郵券，把整個構想都告訴他了。從一九〇七年《羅馬條約》簽訂就生效至今。我拿出一張回郵券，請他親自去郵局兌換看看。我還讓他讀了《美國官方郵政指南》的第三十七頁，接著跟他解釋外匯行情，換句話說，我給他上了一堂課。

然後他完全接受提議，也接受那一張本票。

順帶一提，我和他唯一的協議就是到期時用一般利率贖為本票。我後來遵守協議，不但贖回了那張本票，而且全額還清他的債務，然後把這件事拋諸腦後。五個月之後，我突然發現自己成了一樁百萬美元訴訟案的被告。他拿著這張本票，提起訴訟，要求得

到證券交易公司一半股份。我花了五萬美元才擺脫他，但他之後會要更多。

總之，有了足夠的錢來印公司信紙，並滿足其他小開支，我的計畫終於告一段落。我決定要籌資，對象是廣大群眾，金額從十美元起跳。以證券交易公司的票據為依據。我會用籌集的資金買回郵券，並且在九十天內兌現票據，利率是五〇％。我採用了四十五天就付利息的做法，所以年利率實際上是四〇〇％。

當發現自己已有經營條件時，就開始找投資人。我四處呼喊，向別人介紹公司、票據，以及國際回信郵票券，卻沒有吸引到半個投資人。我知道他們終究會受到好奇心驅使，來我辦公室好好研究一番。

結果，有一天來了訪客，這是第一位。他聽說了我的計畫，想多了解細節。我把他該知道的都說出來了。我不確定他有沒有被說服，但我知道他聽懂了。他最喜歡的部分是「五〇％的利潤」，而不是整個計畫的精巧。他顯然不是「鑑賞家」。我從他的表情看出他正在思考，很可能是投資的假想。但無論他在想什麼，他都很謹慎，可以擋得住誘惑。他最後沒有投資，表明自己沒有錢。

第一筆生意要飛了，我的信心將被重擊——當我意識到這件事，就馬上提出邀約，請他擔任我的代理。這又是全新的概念，是衝動之下的結果，根本未經思考。但衝動與勇

氣佔了我資產的九成。

我說，如果他能說服朋友們，就能從他們的投資中抽取十%的佣金。他接受了。我沒有給他任何證明，根本就不需要。我給他上了一堂銷售技巧與心理學，他只需要我的新想法。

我不懷疑當時的想法是好的。這是一種不用高壓銷售策略的好方法，甚至不用過分強調投資的優勢。我用六十六美分的價格，出售一美元——這句話涵蓋了一切，而且都是真鈔。如果你想將報告訴潛在投資人，你不管怎麼做都只會得到懷疑，而不是信任。

因此我告訴他，為了成功，他不該過度誇大，也永遠不要提回郵券交易的細節。只要掌握這些，人們不可能不投資。

他們確實成功了。後來的事實證明我正確。我了解人性，生來就是比別人優秀的推銷員。在那個年代，外匯相關的投資都比黃金受歡迎。我希望用「外匯」引起注意，讓我多透露一點。然後接下來就交給「五○％的利潤」解決。這會引發每個人的內在共鳴，非常精準。因為我們都是賭徒，都渴望輕鬆賺到很多錢。如果沒有這種特性，那就不會有那些一夜暴富的成功人物。

我的提議顯然很誘人，也顯然安全，一張十美元的鈔票就可以測試。作為一項投資，

這在經濟上可能不太可靠，但做為賭博，這極具吸引力。

人們會跟我打賭，跟我想的一樣。他們給我十美元碰碰運氣。四十五天之後，當他們收到十五美元，所有的疑慮煙消雲散，他們於是拚了命地投資，把所有朋友都找遍。投資人排的隊伍越來越長，而且每個投資人都自發成為銷售員。這是所有人聯合起來的銷售成果，不是我自己的。我承認自己推了一個小雪球，但它卻自己發展成一場雪崩。

我的第一個代理就是這個雪球，到一九二〇年一月為止，他一共找到十八個投資人，資金總共是一七七〇美元。雪球開始往山下滾，大約到了二月的第二週，我付給這些早期投資人二四七八美元。

從那時起，投資人一直迅速而穩定的增長，到七月底，數量已經是三〇二一九人。他們持有證券交易公司大約一千五百萬美元的票據，小雪球最終演變成了雪崩，遠遠超出了最初預期。要不是我對群眾與命運太過自信，那故事可能會不一樣。

15 超額報酬

龐茲的絕妙理論，加上超額報酬的吸引力，連來調查的官員都嘖嘖稱奇。

我第一個代理錯過了推銷之路，反而去當店主。他應該當傳教士才對，因為他會傳播福音！他的行動不能用成功來衡量，應該看看其影響力。不到一個星期，這件事就傳到波士頓海關那裡。我很榮幸他們願意派一位代表正式來訪。

訪客是一位戴眼鏡的紳士，像是在衰老之中靜止，很像是那種古老機構會走出來的人。波士頓到處都是這種人，祝福他吧！你可以在海關大廈方圓半英里內，看到更多這種木乃伊，數量甚至超過圖坦卡蒙墳墓裡的。

他不把寶貴的時間花在閒聊，而是直接切入，說我大大干擾了他所代表的機構。因為我說會在九十天內，給投資人四〇至五〇％的回報。他說，美國人的先祖都已經在墳墓

裡蠢蠢欲動了。他們不安是很正常的，道富銀行以前的利率最高也只有四％。

我對這位老紳士露出了最善意的笑容，然後開始展示，告訴他之後三百年的世界大有不同。我展示了一張回郵券並解釋用途。他仔細檢查，可能想看看上面有沒有他認識的南北戰爭名將的照片。他沒找到，然後鬆了一口氣——他很滿意，發現這至少不是南方聯盟國的壁紙。

我告訴他，這張回郵券是萬國郵政聯盟發行的一種商品，而他非常困惑，不知道那是郵政電報公司（Postal Telegraph）還是西部電報聯盟公司（Western Union）的子公司，或者只是美國勞工聯盟（American Federation of Labor）的一員。讓我救救他吧。我告訴他萬國郵政聯盟在一九〇七年成立於羅馬，他還是有些懷疑，直到我翻開《美國官方郵政指南》的第三十七頁。然後他站起身來向我行禮，旁邊似乎響起了國歌伴奏。

他確認了這一切有美國政府用印擔保（也可能是相信上面的英國章），終於能稍微深入理解外匯交易的愉快祕密。他一直開心地看著我，而我一路說到了七位數，這時他彷彿長出翅膀，凝視著一縷永世陽光！

在那之後，他任職的機構再也沒有打擾過我平靜的生活。老實說，我之後還花了兩百美元入會費，成為他們的「榮譽會員」。這種入會的價格實在令我感動。但他們停止調查

的同時，其他機構也開始調查了。

沒多久，我就認識了波士頓的每一個警察與郵政調查員。在我事業的巔峰時期，他們派來我這裡的調查員比派給城市裡的還多，警察也一樣。我周遭都是他們的身影，以至於我的辦公室常常像是警察總署在點名。

事實上，警察總署拖了一陣子才從彭伯頓廣場（Pemberton Square）遷到伯克利大街（Berkeley Street），我懷疑原因出在我身上。因為就連總長、局長都知道，搬去新地址的話就達不到法定人數了──那裡離學院街太遠了。他們大概也認為最理想的辦法，就是把總署的招牌直接移來學院街，放在我的辦公室前面，這樣更省錢。儘管上述的情況，我完全沒有找警察協助。我不是那種人，是被迫接受的，因為我不好意思拒絕、表現出厭煩。我只是跟他們牽牽線，像是跟死神開玩笑，因為我知道根本躲不掉。

有天下午，我往後靠著轉椅，雙腳架在暖氣上。這時電話響了，我伸手拿話筒，是一個熟悉的聲音。「查爾斯，我們發出了你的逮捕令。」大概意思是這樣。

其他的都不重要，這一句話讓我把腳從暖氣甩下來。這種威脅很可怕。一個人早上起來照照鏡子，如果發現自己一夜之間長了天花，可能會坦然接受，但如果他知道自己馬上就要被捕了，他會無法接受，然後找個地方躲起來。

這通電話讓我很不安，家裡還有豐盛的晚餐在等著我，看來要浪費了。我甚至不知道罪名是什麼。有一瞬間，我幾乎要直接打電話問警長，順便叫他幫我的牢房先暖被。但另一個想法出現了——現在除了坐著等待被捕，還有沒有其他方法？不，我不要再等了。

我戴好帽子、穿上外套，向彭伯頓廣場走去。我跟他們說了「逮捕令」的事，接著被帶到地下室。我一點也不驚慌，因為我知道現在的地理位置。我想，他們可能正要出價，說不定我可以談個好價錢。

到了樓下，我走去出售逮捕令的「櫃檯」，可能是一張桌子。收銀的「櫃姐」是一個警察，出乎意料的是，他還滿有禮貌的，問我需要什麼。

「我是來要一張逮捕令的。」我說。

他說：「為什麼？你想逮捕誰？」我解釋：「我沒有想逮捕的人。」

他生氣地說：「那你來這裡做什麼？」我說：「我要的是你們對我的那一張逮捕令。」

他很驚訝：「你是說，你自己來找我們？你要來自首？」

我承認：「嗯，差不多吧。我來這邊很方便，何必讓你們多花力氣？」

他老實說：「我不知道詳細狀況，但你的態度很值得讚揚。過來，你叫什麼名字？」

我回答：「查爾斯‧龐茲。」

他問：「姓怎麼拼？」我於是拼了一遍，「P－O－N－Z－I」。

他拿出大簿子翻了一遍，找到了我的名字，告訴我沒有這一張逮捕令。

他說：「我們本來要找你，但你自己來了，這是好事。在我找來負責此案的調查員之前，你介意稍等一下嗎？」

「不介意，請便。」我和氣地說。我很高興沒有逮捕令。

過了幾分鐘，我被介紹給一位調查員，旁邊可能還有一個翻譯，但這不重要，我們一起走到另一張桌子前面坐下。原來警察局聽說了一種獲利五〇％的勾當，但他們有點興趣。他們當然有興趣。

調查員是郵政事務與外匯知識的門外漢，我也要跟他解釋，萬國郵政聯盟不是一個「在地組織」，而是多國協議組成的。至於回郵券，也不是我從美國自由債券（Liberty Bonds）剪下來的。不過，我發現他對外匯交易有很深的偏見，因為是「外國的」。他僵硬的腦袋想不通，為什麼《移民法》裡面沒有排外條款。我過了十年還是無法理解。在某些情況下，條款是隨時都會改變的。

總之，調查員對於計畫的大致輪廓很印象深刻，表明這是合法的（但必須經過郵政當局進一步證實）。他有很多地方都不太清楚，但他卻剛好在這些地方認同我的說法。

在此同時，從元旦之後，我的推銷員就幾乎斷了消息。他們沒有找我，也沒有帶來任何投資人，甚至也沒打電話給我。我現在知道他們在躲，也知道原因。他們說服幾個朋友之後，覺得在兌現之前，最好先避避風頭，最後跳票的話才會比較安全。他們只不過是想在比賽中多領先一點，我無法責怪他們。

其實我自己也沒有鬆懈。我把錢交給一個朋友請他幫忙買回郵券，他在一艘橫越大西洋的郵輪上工作。我不擔心他私吞，但我擔心他發生意外（例如生病、跳船、船難），這樣就真的倒楣了。接下來就剩下我跟他的事了。

日子一天天過去，我越來越焦慮，到了二月第一週，他突然出現在我面前，說了些讓我滿意的故事——回郵券在海外到處都有，連最小間的郵局都有一定配額，先預訂就能大量採購。如果用手腕給一點小錢，政府可能還會協助。這些話比所有音樂還動聽。

我滿懷熱情地開始付第一筆帳。每一張票據都讓我很開心，像是高中女生獻出初吻一樣。投資人如果想要撤資也無妨，這不重要，我知道他們會回來，不然就是找朋友來。

真的嗎？當然是真的，他們在一兩週之內開始出現，直到當月底，又投入五千兩百九十美元進行新一輪投資，投入一個我編織的故事。

16 零風險

只有贏家，沒有輸家！龐茲破解了「投資一定有風險」的理論。

我每日進帳達到一千美元。那位朋友正在回歐洲的路上。一切進展順利，直到有人來搗亂。

麻煩從北區開始，我給一個義大利投資人兩張回郵券，讓他去郵局試試。那兩張是美國發行的，他拿去漢諾威街（Hanover）和北班尼特街（North Bennett Street）交叉口的分行，準備跟職員換郵票時，卻被對方拒絕。他於是回來找我，認為我在欺騙他。

這種狀況要馬上處理，不能只靠嘴巴。我的名譽可不能置之不理。於是我伸手拿起電話，在他面前聯絡郵局。我打這通電話主要是為了投資人的利益，所以必須盡可能讓他印象深刻。一定要非常小心。

職員的回覆是，美國發行的回郵券只能在外國兌換。而我爭論的點在於，回郵券不管在哪裡發行，理論上都要能在萬國郵政聯盟的成員國的郵局兌換。這就是癥結點，但對方根本聽不進去，除非郵政總局長發布公告。這通電話沒有解決兌換的問題，但義大利投資人很滿意，認為我是對的，不然也不會說那些話。

事情沒有因為掛上電話而結束。我沒多久就忘了這件事，但那個職員沒有，反而向上級報告。我因此接到一次意外造訪。

他們來的時候，我正在私人辦公室裡跟一位投資人談話，而我妻子跟唐德羅叔叔正在前廳等我。腳步聲提醒我有訪客，我不確定他們走進前廳時，是不是得意地亮出徽章。很有可能。我的位置看不到他們，但我聽得到聲音。

「我們要找龐茲先生。」其中一人傲慢地說。

我叔叔走到我辦公室門口，臉色發白。這個可憐人嚇呆了。他用義大利語跟我說，外面有三個調查員來找我。如果他開始講到聖父、聖子、聖靈的時候，就表示他真的很害怕。

我說：「請他們等一下，我正忙著招呼這位先生，忙完就過去。」叔叔驚訝地看著我，他不能想像有人無恥到要叫警察等一等。他如此安分守己，以至於外面的警察對他來說就像是全副武裝的腓特烈大帝。

我其實不是故意無禮，但我太了解警察了。暴躁是他們的第二天性，他們喜歡維持自己的權威。如果這不會導致受罰，那他們最喜歡先恐嚇，但如果碰壁了，他們會縮手縮腳地換別條路。

我讓他們等了幾分鐘，這是為了集中精神。我知道接下來會絞盡腦汁，所以想準備一下。

投資人離開時，我送他到門口。他一離開，我就轉向那三個調查員，問他們是誰，來這邊做什麼。這些問題其實沒必要。其中一個我以前見過，他代表發言。

「我們是警察總署的調查員，來這邊要問你幾個問題。」他說。

「哦，知道了。你們來辦正事，這樣的話，請出示你們的逮捕令。」我說。

郵政調查員插話：「沒有逮捕令，我們不是來逮捕你的，只是想問幾個問題。」

「那麼，你們應該知道，我讓你們進來這裡，是因為我脾氣不錯。我沒必要回答問題，除非我想回答。」我說。

「你不會拒絕吧？」他說。

我說：「我不會？當然會！你們不能來我辦公室擺出主人的架子，還以為會沒事。如果有正當的逮捕令，你們可以抓我。我不會躲。但沒有的話，我有權對你們出現在這

裡表示不滿。」

那個郵政調查員大概發現我不會被唬住，所以改變策略。他承認我的權利，並建議氣氛應該緩和一些，這樣對雙方都有利。我同意，於是邀請他們進入我的私人辦公室。

一開始像是擊劍比賽，有一系列的佯攻與格擋。表面上，調查員想知道我跟漢諾威街郵局職員的對話，但他們其實意不在此，他們想知道的是，我的回郵券生意有沒有詐欺。

但我很小心。拒絕透露任何資訊。

我不耐煩地說：「我認為，我們只是在浪費寶貴的時間。那個職員報告了所謂的『對話』，卻沒辦法證明發生過。就算有發生，而且你有把握我犯法，那請提出指控，我們上法庭解決。但你們來我這裡，只是想找些不利於我的證據，太無禮了。」

「我們沒有要對你做什麼，龐茲先生。」其中一個郵政調查員說：「我們只是對你告訴職員的一些事有興趣。」

我打斷他：「請等一下。你是說，你對於『那個職員說我說過的話』很感興趣？可是，沒有我對他說過什麼的證據吧。」

他聳了聳肩膀，說道：「好吧，隨你便。這樣的話，我猜你應該也完全不知道回郵券的事情吧？」

我說：「你又錯了，先生。如果對你有幫助，我可以把我所知回郵券的一切都告訴你。」

我們開始廣泛談論這個主題，從各種角度分析。最後，他們同意了我的理論——回郵券有利可圖，但其中一人卻認為沒辦法大量購買和兌換。

我回答：「我不認為是這樣，先生。你應該知道，政府沒有限制個人購買郵票的數量。」

他同意，我接著說：「那你能回答，一個人為什麼不能買特定數量的回郵券？」

他想不出原因，也講不出購買之後不能兌換的原因。但確實可能發生。

「因為可能是仿冒品。」他猜測。

「我們不是在討論那種回郵券，先生。我們討論的是貨真價實的那種。」我強調。

「好吧，但政府可能會拒絕兌換。」他堅持。

我說：「不，只要還是萬國郵政聯盟的成員，政府就不能這樣做。」他老實說：「我完全不懂國際法。」

「我也不清楚，但這是常識性的結論。」我說。

「你懂得比我以為的還多。」他忍不住說。

我跟他求饒：「別那樣誇我，先生，我其實不太懂得保護自己。」

那位調查員還是不服氣，他認為，如果回郵券可以給一些人利益，那一定也會造成另

一些人的損失。

我告訴他：「如果是這樣，那我也不知道誰是輸家了。事實上，我比較相信每個人都是贏家。」

「太荒謬了。」他叫道。

「原本就是如此。」我說。

我用自己獨特的方式說服他：「長頸鹿也很荒謬。你應該聽過一個鄉巴佬的故事吧。那傢伙從來沒看過長頸鹿，有人指給他看，他還死不承認。調查員先生，如果你不介意，我正是要讓你看看長頸鹿是什麼模樣。」

我開始解釋：「現在假設，法國需要一千五百萬法郎。而我在美國以五〇％的利率借了一百萬美元，道理等同於我現在的生意。這一百萬美元，按當前匯率，就是一千五百萬法郎。我發送匯票給法國政府，他們會給我五千萬張回郵券，來源是萬國郵政聯盟。我一收到回郵券就在美國換成郵票，接著以九折出售。然後，由於代理人幫助我從大眾那裡得到一百萬美元，所以先假設我會付一成佣金給他們。我認為可以這樣算出這筆交易的利潤：

出售五千萬張五美分的美國郵票

（以九折價格出售）————————————————— 2,250,000 美元

票據持有人的本金 ————————————————— 1,000,000 美元

五○％的利息 ———————————————————— 500,000 美元

一○％的代理傭金 ———————————————————— 100,000 美元

我的總利潤 ———————————————————— 650,000 美元

在另一端，萬國郵政聯盟的帳本顯示，美國是兩百五十萬美元的債權人，而法國是三百萬美元的債務人。為什麼法國是三百萬美元？因為法國政府花了一千五百萬法郎，按照五法郎兌一美元的黃金平價[12]。不過以現在的匯率，十五法郎兌一美元，對我來說只花了一百萬美元。法國與美國的差額，其實代表的是萬國郵政聯盟對這項服務的收費。

現在，我假設法國要清償。它只收到了一百萬美元，卻需要付三百萬美元，這表示它損失了兩百萬美元。只要美元兌法朗保持在一兌十五，這種損失就不可避免。但如果匯

---

12 當時貨幣採金本位制，國家之間的匯率由各自貨幣的含金量之比值「黃金平價」（Gold Parity）決定。

率降低，損失也會相對減少。如果到一美元兌五法郎，按照金平價，那法國就不會再有損失了。但一般來說，貨幣貶值需要幾年時間才能逐漸恢復。

法國不能延遲跟萬國郵政聯盟的債務，必須馬上付款。最好的融資方式就是發行債券。發行三百萬美元的二十年期、利息三%的債券，可用美元支付。二十年後，該債券的利息總額是一百八十萬元。

要知道，法國現在因為賣給我回郵券，所以才有一千五百萬法郎。如果法國政府將這一筆錢借貸給有能力清償的私人或公共企業，期限設為二十年，假設年息五%，那麼最後會變成三千萬法郎，也就是六百萬美元。這些債券可以讓法國政府支付三百萬美元的債券以及一百八十萬美元的利息，此外，再加上一百二十萬美元的利潤。

正如你們看到的，大眾投資了一百萬美元，六週內就賺了五十萬美元。我的代理人付出了時間與服務，賺了十萬美元。萬國郵政聯盟因為他們的服務，收取了五十萬美元。美國郵局賣出價值兩百五十萬美元的郵票，大概也有賺。那些買到九折郵票的公司或個人，總共省了二十五萬美元。法國的利潤是一百二十萬美元。法國的債券持有者則另外獲得一百八十萬美元。向法國政府借貸一千五百萬法郎的企業大概業會賺錢，不僅如此，還衍生出許多工作機會，給許多人養家糊口。最後還附加一筆，我個人從此交易賺了約六

萬五千美元。如果你可以告訴我，這筆交易讓誰損失了，我就送你們每個人一頂新帽子。」

那位調查員大吃一驚，他甚至不想質疑我的數字。但他似乎輸不起。

他問道：「龐茲先生，我能不能判斷你是某個外國政府在美國的非官方代表？」

「不，先生。」我饒有興味地回答他：「龐茲不代表任何人，只代表他自己。另外，要記住，我們只是在討論理論，而不是現實。」

談話結束之後，我的訪客們疲憊不堪地離開了。我個人倒滿開心的，我在第三輪比賽中，幾乎毫髮無傷地贏了。我感覺不受拘束，所以興高采烈。我轉頭看我可愛的妻子，她看起來惹人憐愛。對她來說，這次談話是種折磨人的考驗。

我對她說，「沒關係，親愛的。振作一下，笑一個吧。沒什麼事會讓妳擔心了。讓我們忘掉這些生意，好好放鬆吧。我跟妳去找個地方吃頓簡單的晚餐，就我們兩個，像一對小情侶一樣。」

17 一號代理人

龐茲廣開辦事處，資金如指數般成長。他發現「投機」對許多人來說是一種救贖。

一般人不會滿足自己所擁有的。有錢，卻沒意識到自己有錢。有一件襯衫，就會想要兩件。男人單身就會想結婚，結婚之後就會想要情婦（希望我妻子沒讀到這一段）。人們總是想伸手摘月亮，然後一腳踏入太空。我當時就是如此。

我的事業發展十分迅速。不是你想的那種，我是說往很糟的方向發展迅速。我邁向破產的速度跟砲彈差不多。但我還不知道自己的處境，無知便是福。總之，情況也不是太壞，只是沒辦法再壞了。我有很多錢，而且顯然有機會大撈一筆，但我缺乏判斷力與謹慎。我應該多想一些。事實就在那裡，顯而易見，我卻沒注意到——就算我隱約知道，也沒正眼看它，大概是被野心與自負蒙蔽了雙眼。

我那時準備踏上波士頓的舞台，像是小小的樂隊指揮。收益遠超出預期，這非常棒，卻漸漸演變得危險，讓我虛榮又魯莽，也讓我夢想財富、權力、名聲等諸如此類的東西。

啊，我們凡人何其愚蠢！

我決定要擴展、開設辦事處。我認為如果其他冒險值得，那我的當然也值得。我做的生意可是全方位的金融交易，世界就是我的市場，全人類都是我的客戶。

我決定要擴張的一個原因，是因為我的辦公室出現了一個討厭的老朋友。他是我的員工，我們表面上是朋友，但其實我受他控制。他是可怕的敵人。我不是怕他對我做什麼，而是他會誘導我做了一些事。他真的應該被「整一下」。我們以前就認識，完全不值得開心或驕傲。我們是在加拿大的監獄認識的，當時他要服刑三年。幾年之後，我們在波士頓湊巧碰面，他立刻認出我，還跟我敘舊。我也一樣。但他佔了上風——因為我走正途，他卻還在浮沉。我只好投降，給他安排了一份工作。

再度碰面時，完全沒有他要勒索的跡象。他知道明示或暗示都不能，反而對我的公司表達關切，而這傳達給我的訊息卻多過於言語。我如果讓他表明意圖就太蠢了，會導向一種我必輸無疑的情勢。所以我換了第二選項，裝成慈善家，幫助他人找回迷失的靈魂。我提議要給他一份工作。更好的辦法是用錢打發他，但這似乎是承認我真的怕他。

他是不擇手段的騙子，是那種鬼鬼祟祟、心胸狹窄的賊，用動物來比喻的話就是鬣狗或胡狼。他會去偷教會的捐款箱，或是把手伸進醉漢口袋，沒人管的東西他一律偷。他還有一些同夥，一起跟沒有防備的外國人玩「詐騙」遊戲。一種換信封或手帕的遊戲。

我叫他來上班時，他剛從紐澤西州回來，他在那裡騙了一個波蘭移民。但其實那次詐騙只是在賠本。他們瓜分戰利品之前都很順利，但之後就完蛋了。他們打開那個裝有受害者財產的信封袋時，發現有各國鈔票，但全部加總還不到二十五美分；而他們原本拿去換的信封裡還有幾張美鈔。

他很生氣，在我安靜的辦公室裡咒罵。他詛咒那個「受害者」、世界大戰、外國鑄幣廠，還有一切可惡的東西，除了他自己。他身無分文，變得非常厭世。那種狀況下，他可能會提出些奇怪的要求——但我比他早一步。我給他一份薪水微薄的工作，像慈父一般給他人生建議。我請他來上班，打亂了他原本想說的，無論如何，他接受了。

這或許解決了他的問題，但我的問題才剛開始。在那之後，我不得不想辦法讓他盡可能遠離我的辦公室。我非常不想跟他近距離接觸，我寧願去抱著高壓電線桿。我設法讓他做一些無謂的跑腿工作，想把他的注意力轉移到學院街之外的地方。有一

次，我甚至叫他去紐約買法國產的軒尼詩三星，[13] 我的酒窖空了，很想要有幾瓶，但我其實更希望他被逮捕入獄。可惜運氣不太好。我甚至還給他買了一輛車，希望他出車禍扭斷脖子，但我失策了。他有時會把車撞壞，讓我買單。這傢伙真的陰魂不散。

由於種種因素，我不得不讓他「打頭陣」，因為我不想要他在旁邊，所以要把他送到別的地方。他離得越遠、越久，我就越舒服。於是，我派他去開了辦事處。常常有人說我的辦公室雜亂不堪，而且竟然沒有任何展示品，也沒有裝腔作勢的門面。有些人認為，我這種愚蠢行為自有道理，另一些人認為低調是超級推銷員的美德，這樣才有人性的敏銳度。但全都錯了。那傢伙才是主要原因。我不需要辦事處。我不想開，更不需要他。辦事處是讓他出城的絕佳理由，所以不得不這麼做。我不太想多花錢，所以裡面非常雜亂。

以上就是兩個冤家的故事。

出乎意料，我所有的辦事處都變成了「噴油井」，亂七八糟反而造就成功。那不起眼的外觀在心理學上真是神來一筆。但不是我的功勞，這種成功方式是我從來都沒想過的。跟其他的一切差不多，就是發生了。這種雜亂的經營之道，自然讓道富銀行的人眼紅。金融界有些「強盜」到現在還是很生氣，因為我搶先一步。他們為了偽造支票，花了數百

萬美元買器材，現在還不得不為一個「該死的小義大利佬」打工，而我只用十便士的釘子做衣帽架。在財務的角度上，有一些辦事處一開始就非常出色，另一些則還要調整。我不在乎有沒有回報，但我因為個人自尊無法忍受失敗。假如一家辦事處不聽話，我的職責就是推他一把。

當初，我聽他說他想開一間這種無用的東西，我脖子的疼痛馬上就治好了。確切地點不重要。選定的社區非常大，離波士頓公園不到十英里。總之，我們在那開了辦事處，鄰居們都知道，但沒人上門。員工們束手無策，我只好開車去看看狀況。

去了幾次，我很快就發現有問題。不是重大問題，只是有人想敲詐——有幾個「大企業」的「老闆」想分一杯羹。他們自己認為，我如果在詐騙就應該要交保護費。那些老闆是熱那亞人，義大利有一句諺語說「七個非猶太人才能擊敗一個猶太人，而七個猶太人才能打敗一個熱那亞人」。所以我的賠率是四十九賠一。結果我卻贏了。我讓他們變成我的代理，佣金是五%。既然想插手，我就讓他們手指伸進來。這沒花我半點錢。

我的老朋友跟我拜訪完一個客戶，工作終於告一段落，我口渴到說不出話來。「真的

13 一九二○年至一九三三年，美國實施禁酒令，不得釀造、運輸與銷售。

渴得要命！」我比參加完祕密集會的狂熱教徒還還渴。「我們去喝飲料吧！」他建議。

我搖了搖頭說：「不，我很注重味道。」他說：「不然找個地方喝水。」他說。

我又嚇到了：「水？我猜你不是說水吧。我週六晚上喝到怕了。我想喝點啤酒。」

他提議：「去密爾瓦基吧！這是我知道最近的地方。」

「他媽的。你是說，你來這鎮上整整一個月都不知道非法酒吧[14]嗎？」

他說：「好吧。既然你問了，我還真的沒去過非法酒吧。」

「那陣子你都喝什麼？」我問，他說：「咖啡。」

我冷笑：「哦，是嗎？好像真的一樣。以後你發誓我也不會相信你了。你有事情瞞著我。」

他否認：「我沒有隱瞞什麼。我在這唯一喝過的一杯酒，是在教區長家裡。」

「你說在牧師那邊嗎？」我問。

「當然，還有誰會在教區長家裡？」

我告訴他：「你聽好。假如你想要好處，就帶我去找他。快點告訴我他的名字。」

「某某神父……」他提到了一個名字，我馬上聯想起自己的少年時光。

我們去了那位教區長的家，拜訪時非常順利——我們其實受到熱烈歡迎。牧師和我素

未謀面，但談到各自的家族，場面幾乎像是遠房親戚。之後，我們處得非常好，為了慶祝還開了一瓶上等葡萄酒。

談話過程中，神父Ｘ（姑且這樣叫他）明顯對我的計畫感興趣。神職人員也擋不住誘惑，當然不能！他問了更多，我於是一一說明。我告訴他一美元從哪裡開始旅行、橫渡大西洋，經過六個星期才回到美國，而且帶回可愛的孩子。神父Ｘ受過良好教育，別人眼中的希臘文對他來說只是英文。他在我解說時甚至會領先一步，總是語出驚人，讓我上氣不接下氣。

「也就是說，三個月之後就是一千三百五十美元。」他清楚地說出來。

「是什麼？」我不知道他在心算什麼。「一千三百五十美元。」他重複了一遍。

我到現在還是不知道他怎麼算的，我不知到他的意圖。我緊盯著他，看起來很正常。

我插話：「等等，神父，你好像超過太多了。現在說到哪裡？」

他笑著回答：「領先你大概一英里。我一直在算，如果我投資六百美元，我可以在三

14 此處指美國禁酒期間非法賣酒的商鋪。它們的營運模式是提供一些新奇的表演，比如說動物表演。在觀看表演期間，會「免費」為顧客提供一些酒精飲料。

個月內獲利七百五十美元。」聽到他這樣說，我差點把喉結給吞了。那個愛惹麻煩的員工偷偷踢我一腳，卻沒讓我回神。

「你……你是說，你想要投資一些？」我不敢相信。

我努力平衡情緒，結果神父 X 和藹地說：「有不投資的理由嗎？」

我立刻保證：「沒有！完全沒有。我們的投資人遍布各行各業。」

我們聊得更深入，這時我才知道一件事：神父 X 的手上沒有現金，但他的教堂有六百美元的儲備金。主要是用於油漆跟維修教堂，要三、四個月之後才會使用。所以，在龐茲複製「麵包和魚」[15] 的奇蹟時，何必讓錢閒置呢？神父 X 對我說：「你知道，我不能拿這些錢賭博，我只能投資一些安全的東西。」

「這當然。」我同意。

他繼續說：「還有，如果在票據到期前有急用，那你們提供什麼服務？」

我的保證非常有說服力：「你去任何一家銀行或我任何一家辦事處，只要拿出票據，我們會退還你全部本金。這是我跟所有票據持有人的永久協定。」

神父 X 拿出六百美元。誰都不能怪他。這種誘惑對牧師來說還是太強大。人非聖賢，孰能無過！那筆錢後來如何……我不多說。可能變多，也可能變少，但現在看來有何區

別？不管怎樣，教堂遲早都會修繕、粉刷，如果不得不推遲，那他們也會等的。順帶一提，神父 X 跟我至今仍是好友，阿門！

15 出自《聖經》。耶穌用五塊麵包、兩條乾魚就讓五千多人吃飽了。

18 金融家龐茲

「既然銀行這麼好賺，那何不自己賺？」龐茲輕輕鬆鬆就控制了幾家銀行。

幾年前，甚至到現在都一樣，我會特別留意不重視我的自尊的人。我不是自命不凡，但如果有人擺架子，讓我覺得自己不值幾毛錢，那我會非常火大。火大不代表會惹麻煩，我不愛惹事。除了偶爾自找麻煩，我實在不壞。但我的舌頭跟蜜蜂一樣，會狠狠地螫人。

如果觸動開關，不管是誰都會遭殃。

談到尊嚴，我想起有個年輕女士落馬的故事。她摔下來的時候衣著凌亂，但馬上跳起來，欣慰自己沒受傷，而且沒人看到。

「謝天謝地！我沒有出醜！」她寬慰地說出了內心想法。

「不一定，小姐。」一個農夫說道。在乾草堆後面後面的他看見這一幕：「妳的褲子後

面一定破了！」

某一天，有家郊區的小銀行堅持要我在開戶前提供證明，這重重打擊了我的自尊。我氣得都要冒煙了，於是寫信給他們：

各位，

我收到貴行要求，特此拒絕。很明顯，我方的代理要求存款時，貴行若非誤解，就是忽略。我們只跟大公司打交道。我們的資本如此雄厚，所以不習慣將所有錢都交給銀行，包括建築等各種資產都一樣。因為或許會不知道被誰打包，然後一夜之間消失。

誠摯　敬啟

最後我冷靜下來，開始考慮準備各種證明。我確實有許多資產，但尚無真正的背景，我想讀者應該可以理解。我確實在特里蒙信託公司有一筆可觀的存款。大概五十萬美元。

但這就像是當舖展示窗裡的十克拉鑽戒，存在於錯誤的環境。

以證明而言，特里蒙信託公司對普通人來說頗有地位。這個策略沒錯，但它在上層社會卻幾乎沒有影響力。公司老闆斯威格（Simon Swig）是猶太人，深受搭乘「五月花號」[16] 來

美國的清教徒歧視。這雙方不可調和，就像油跟水。最糟的是，斯威格由於有強大的政治背景，因此在討清教徒歡心時，其實只是在試探他們的底線。

雖然斯威格走自己的路，但也頗為勢利。他認為，猶太人全都比南歐來的人強，我當然不同意。在我看來，南歐人才是最棒的。但我們爭執的其實不是種族問題。就我個人而言，我不在乎他喜不喜歡我，我只期望他的服務，而不是親吻。當然我沒被親吻，卻也沒得到服務。每當我為了說明企業背景，而跟傲慢的投資人提到特里蒙信託公司的時候，我都會看見「果然物以類聚」的表情。這使我退縮。所以，我開始尋找更討喜的合作關係。

例如，有一家古老的貴族銀行。這個機構非常排外，跟其他古老機構一樣，都是這個領域的老前輩。非常雄厚，但也非常貪婪。它涉足了麻州的每一個領域，掌控了商業與政治。我渴望的目光轉向它。我如果想追求某個事物，通常都很衝動、魯莽，因為懦弱永遠吸引不到美人——我不就娶到了嗎？於是，有一天我把二十五張一千元鈔票塞進口袋裡，走進這間古老的機構，希望得到它的好感。大家都知道它對陌生人很冷淡，但我

16　最早在北美成功建立永久性英國定居點的那一批人。

發現他們對於潛在的存款人會「賣弄風騷」。

大廳裡，有一個穿著整齊、髮型俐落、留著駱駝毛般的鬍鬚的經理，發現我看似遲疑地在閒晃。

「有人替你服務嗎？」他用牛津腔慢條斯理地說道。我回他：「還沒有。」

「我能為你效勞嗎？」他主動提議。

「好的。我只是想開個帳戶。」我向他解釋。

「我很榮幸能為你服務！噢，我還不知道你的大名。」他說。「查爾斯・龐茲。」我一邊遞上名片。

他看了名片好一陣子，試圖連結到那些古老世家或現代豪門，但失敗了。他認定我根本無足輕重。

「你想開哪一種帳戶，龐茲先生？」他問道：「存款帳戶還是支票帳戶？」

「支票帳戶。」我回答他。「是公司的帳戶？」他問道。

「不是，只是我個人的小帳戶而已。」我回答道。

那個「小」字讓他停下來思考。我吐著雪茄的煙，他則不安地用鉛筆敲擊桌子。

他解釋：「龐茲先生，我必須跟你說實話，我們的政策是只接受合乎要求的帳戶，我

The Rise of Mr. Ponzi　　146

們努力提供最好的服務，經營著這樣一個昂貴的組織。基於這些原因，我們要求支票帳戶要有一定餘額。你確定你符合我們的要求嗎？」

「我當然希望符合。問一下，你認為要多少存款才夠？」我回答。

「至少要兩、三百美元。」他說。

「哦，這很合理……你把我嚇壞了，我要存的金額是，二五……」我說。

「兩千五百美元？」他問。

「不，是二五〇〇，兩萬五千美元。」

「兩萬五千美元？」他重複一次：「為什麼……你不是說只是想開個人的小帳戶嗎？」

「確實如此。這大概是我最小的銀行帳戶了。」我坦白說。

「不好意思，你方便提供你在其他銀行的戶名嗎？」他問。

我答應了，並說出一些我的帳戶。他拿著錢離開了，看似要去幫我開戶，但實際上是去調查。他一回來，我就知道他剛剛忙著打電話，因為他滿面笑容、態度殷勤。他八成打給特里蒙信託公司還有其他銀行，得知我在那些地方有五十萬美元存款。

「這是你的存摺，龐茲先生。你需要一本特別印上你名字的支票簿嗎？我們很樂意寄一份過去，如果還有什麼需要效勞的，請隨時告訴我們。」他說。

如果手邊有支撐子，他大概已經在幫我刷衣服了。這表示，金錢才是最好的通行證。

我完美地提出了證明。於是我開始尋找一些事情來充實思想。

這樣說，似乎從早到晚收錢還不夠充實。確實不夠。錢本身對我沒有意義，我想測試一下它甚至還有多到往廢紙簍丟，已經有點單調乏味了。看著員工們用現金把抽屜裝滿、的力量，從中衍生出一種興奮感——隨著完成一些所謂「不可能完成的事」而來。

我決定買下銀行。這很合理，因為我在許多銀行都有帳戶，包括新英格蘭地區與美國海外。這些帳戶對一些人想必是有利可圖，可以賺取利息。那麼，我何不自己有一家銀行來賺取那些利息？

我第一個選擇是漢諾威信託公司。不是因為它比較好，而是我跟他們經理有帳要算。

我覺得這是個一石兩鳥的好機會。

單憑手腕沒辦法得到漢諾威信託公司的控制權。想控制它就要付出代價，但我根本不想花太多。這家公司的股票價值不值每股一百二十五美元的市價。或許吧，也可能不是真的。所以我只能暗中進行。

首先，我在此開一個新戶，存入六萬美元。我會漸漸擴充存款到五十萬美元，甚至更多，而且從來不提款。我想給這個帳戶建立起一種形象，那就是所謂的「休眠」帳戶。銀

行員會很放心，認為不會突然大量撤資。因此，他們可能會用我的存款來投資，而不是保持自己的償債能力。

與此同時，我透過他們的銀行員——皮茲（Charles Pizzi）與其他人——開始買進少量漢諾威信託公司的股票。共是一百二十五股，買進價格略高於市價幾美元。不過，公司的帳簿上並沒有股權在我的紀錄，我是讓紀錄在冊的股東們將所有權背書轉讓給我，等於是我擁有他們的投票代理權。

我的下一步，是安排跟這家銀行的義大利股東見面，包括斯塔比爾（Stabile）、洛卡泰利（Locatelli）、巴達拉科（Badaracco）、迪皮耶羅（Di Pietro）還有另外幾個人。我表明自己想賣下銀行的控制權，把所有管理階層趕走。一直以來，這些股東當然支持他們，但股東們沒辦法反對我，因為跟我站在同一邊比較有好處。我們於是達成協議，即不管在任何表決上，我們的投票會保持一致，而做決定的人是我。這讓我擁有了超過六百股的額外投票控制權。

到了這時，我才向這家銀行的員工們亮出王牌。某一天將近下午三點，我慢慢走進銀行，直接走到他們的私人辦公室。他們邀請我坐下，問我是否需要服務。

「我需要。我是順道來買一些漢諾威公司的股票並成為董事。」我說。

「我相信這不難。你想買個一百股嗎？」其中一位說。

「我對一百股沒什麼興趣。」我回答：「我想買個兩千五百股。」

「但我們只有兩千五百股。」另一位打斷我。

「你說的是原始股吧。」我糾正他：「你怎麼不提那兩千股新發行的？」

「我們目前還沒發行。」其中一位有些驚訝，發現我知道他們增資計畫的內情。他說：

「但我們確實在準備了。」

「好吧，那為什麼不全都賣給我？」我問。

「我們不能。這表示我們把整間銀行的控制權賣給你。」另一位說。

「這就是我要的。」我坦承。

「很抱歉，但我們不允許這種事情發生。」

另一位補充：「但我們很樂意讓你成為其中一位董事。」

問道：「這家銀行的小股東什麼也不是。」

「你是希望我們放棄我們辛辛苦苦得來的控制權嗎？」一位銀行經理問。

我反駁：「那你是希望，我把我的投資人交給我的東西，全權交給你管理嗎？我的百萬美元對我的重要性，跟你的控制權一樣重要。我的財務狀況，可以讓你們相信我夠格

控制銀行。」

我的反駁無效，他們堅決保有控制權。但我也決定要從他們手上拿走控制權。我看了看手錶，離銀行關門還剩下十分鐘，該亮出王牌了，我拿出一張。

我說：「依我看，衝突大概不會有結果了。那先不談這個。你們留著銀行吧，我可以找另一家。」

我拿出了支票簿，準備寫一張支票。

「你們能告訴我現在餘額是多少嗎？」我問，他們立刻知道我想要做什麼。

「龐茲先生，你不會是要取回存款吧？」他們非常不安地問道。我回答：「當然，我要撤回。就是現在。」

「這樣不公平，你有一大筆存款，應該提先通知我們。」另一人說。

「為什麼？我的錢在支票帳戶上，什麼理由不讓我在存款範圍內開支票？」我問。

他們同意：「沒有，你完全有權利這樣做。但銀行通常手上不會有這麼多流動現金，為了償付你的支票，我們會不得不賣掉一些有價證券。」

「這與我無關。」我堅持。

「我們為什麼不好好協商，找出折衷的方法？」一位銀行員建議。

「你們能給我什麼？」我問。

「我們可以賣給你一千股新發行的股票。」他說。

我說：「沒辦法，這只是讓我多花冤枉錢，這樣不可能有共識。」

「但我們自己沒有那麼多股份。」其中一人哀求。

我認同：「或許吧，你們沒有。但你們控制的比你們擁有的更多。」

「我們願意向你出售我們控制的所有股份。」其中一人表示：「就那些，不多不少。獨立股東們將會投票支持他們認為適合得到控制權的一方。」

「你們到底控制了多少？」我希望知道。

「不會超過一千五百股。我們會賣給你一千五百股。」他說。

雙方都指望能控制義大利股東們，而這些股東過去總是投票支持銀行──銀行經理卻不知道義大利股東跟我已經有協議了。而我現在知道，那一千五百股能讓我佔多數。

「你們同意推舉我成為董事嗎？」我問他們。

他們答應：「當然，我們會召開一次特別會議，推舉你成為董事和執行委員會的常任委員。」

「我還想要找幾個朋友進入董事會。」我要求。

「好吧，這也沒問題。」

「很好！我要買下那一千五百股。」

半個小時後，我帶著一千五百股離開了漢諾威信託公司。銀行是我的了！我擁有它名下的一切，包括那座十二或十四層樓的建築——坐落在瓦特街（Water Street）和華盛頓街的路口。

我用兩百多萬美元，控制了當時市值約五百萬美元的財產。不僅如此，我還給那些職員一些教訓。幾個月前，他們拒絕了我兩千美元的貸款，說我的帳戶「麻煩多過利益」。

天哪！知道我現在可以跟他們好好說話了，這感覺難道不美妙嗎？

19 無底洞

欲望是狂熱的根源。從汽車、房地產到收購銀行，龐茲甚至插手波蘭國債。

收購銀行不是小事，即使是漢諾威信託公司這種小銀行也是如此。通常有一間銀行之後，多數人就準備退休了。當然這是普通人，一流的人不會放棄，他們與眾不同、從不收手，而且很專業，隨時蓄勢待發。這些人收購銀行的速度比火雞吃東西還快，而且永遠吃不飽。

我買下了漢諾威信託公司之前，也不知道自己的食欲狀況。我不覺得有飽足感，恰恰相反，有一種像是「不曾得到過」的那種空虛。我的胃口太糟了，想把所見之物都買下來。

我又把目光投向了保誠信託公司（Prudential Trust Company），這家銀行的總經理認為，只要我拿出能買下海關大廈的錢，銀行就可以歸我。他後腳都還沒踏出去的時候，我就知

道他會垮台。我要做的就是伸出雙臂，在他倒下前抱住他。最後，我還是慷慨地給他一份工作，但他拒絕、而且破產了。可惜他破產時我沒能抓住他。

接下來，我注資勞倫斯信託公司（Lawrence Trust Company），控制他們在特里蒙街的卡內大廈（Carney Building）還有其他財產。我自己在溫斯洛普（Winthrop）和列克星敦都買了房子，還有倫敦西區的一棟小公寓樓。我一共申請了六筆房貸，購買了C&R建築公司（C. & R. Construction Company）的大量股份，有幾筆是在富達信託公司（Fidelity Trust Company），還有特里蒙信託公司。我為了讓家裡隨時有義大利麵，甚至還買了那不勒斯通心粉公司（Napoli Macaroni Company）。

我買得越多，就越想買。這是一種狂熱，一種瘋狂。我差點就把奈爾斯大樓（我的辦公室）買下來。因為其他租客似乎有怨言——我的投資人堵住了入口、電梯、樓梯還有走廊，他們因而無法進入自己的辦公室。大樓的管理者歐布萊恩（O'Brien）找我過去。

他說：「很抱歉，龐茲先生，但如果你沒辦法管好到你辦公室的那些人，那我不得不請你另外找地方。」

我對他說：「我也很抱歉，歐布萊恩先生，但我不會搬走。」他抗議：「難道你覺得，我會因為你而不管其他租客嗎？」

我回答：「我確實該想到他們！請他們搬走吧，我把整棟樓買下來。」

「但你的人還是一樣把入口跟電梯堵住。」他抱怨。

「好吧，我們別爭了。你出個價，我把這棟樓買下。」

管理者無話可說，他知道我有錢，而且還瘋狂到為了贏得爭辯，而想要直接成交。我那天下午沒買到大樓，所以心情不太好。另一天下午，有個汽車業務發現我很失落。

最後沒有搬走，但我不知道他如何安撫其他租客。我

「我有車了。」我告訴他。

「是好車嗎？」他略帶諷刺。

我反擊：「你覺得呢？你以為我開獨輪手推車嗎？」

他說：「我聽說你有一輛哈德遜（Hudson）。」

我承認：「確實，而且我很滿意。」

「不過，你需要更大、更貴的車。」這個銷售員勸我。我問：「像是哪一輛？你賣的到底是什麼？」

「洛克莫比爾（Locomobiles）。」他回答，一邊在我面前攤開了文件夾。

我目光掃過，發現了我喜歡的那一輛的照片。

「多少錢？」我指著車子。他回答：「一萬兩千六百，會送過來。」我說：「好，現在馬上送過來，我買了。」他說：「可是現在無法交車。」

「什麼時候能送來？」我問，他卻說：「大概要三個月後。」

「太久了，我現在就要這一輛。」我告訴他，

「還沒製造完成呢。有一位紐約的百萬富翁訂做了這一輛。」他說。

「什麼時候完成？」我問。知道這輛車很難買到，我就更想要——這是為了比上紐約那位百萬富翁。

他說：「大約兩週後，七月一日會送去紐約。」

我說：「很好！七月一日就把這輛車停到這棟樓的門口。」

「但這輛車已經賣出去了。」他解釋。

我警告他：「聽著，小夥子。我想要這輛車。我不管看中什麼，就已經準備好要付錢了。如果你在七月一日下午一點鐘之前把它開過來，我會多付你一千美元。」

那輛訂製的車，果然按時送來我這。時間是一九二○年七月一日，比原定下午一點還提早十五分鐘。

這是家常便飯，幾乎每天都發生。有些金額不大，有些更離譜。像是這輛車，或是其

他東西。我發現自己跟基督山伯爵一樣，所以非常興奮。我可以走到任何地方，告訴管事的人：「包起來，我要了。」不管是一包糖果還是一座建築。

有一天，我走到市場區，走了進去。我曾經在那裡工作快兩年，我想看看那些孩子們，還有我以前的同事。我停下來跟每個人說話，然後走進普爾（Poole）的私人辦公室。他沒料到我會來拜訪，更別提我給他準備的東西了。他不知道我是百萬富翁，只聽說我過得不錯。

他說：「龐茲，坐著聊吧。我聽說你在做生意，好像是某種外國證券。」

「對啊。」我說。

「那你做得如何？」他問。

「好極了！這就是我今天來的原因，我想來問一下你的意見，因為我有點錢想要投資。」我回答。

他建議：「何不買一些我的特別股呢？利率是七％。」

我說：「我寧願買些普通股，那更值錢。」

他說：「好吧，我會這樣──每種都賣你二十五股。」我抱怨：「就這些？這根本不用我多跑一趟。」普爾看起來很困惑，他不知道我是不是在開玩笑。

「你想要多少股票？」他問道。

「你所有的我都要。」我冷冷地回答。

普爾笑了，他被逗樂了，覺得這個前員工的笑話還不錯。而且似乎有點可憐我，因為我可能瘋了。

他試著溫柔一點：「聽著，龐茲，買下這家公司要花很多錢。」

我同意：「我這樣想。所以等了這麼久才來拜訪你，因為我怕自己的錢不夠。」

他懷疑地說：「那你可能還是不夠。總之，假如你有錢，可以用四十七萬五千美元的價格買下五百股特別股，以及三萬五千兩百美元的兩百股普通股。」

「這樣的話，我就是公司的董事嗎？」我問。

「沒錯，你這樣就是董事了。」他同意，依然認為我在虛張聲勢。

「那你開個證明吧！」我告訴他。「錢在哪裡？」他問。

「在這呢。」我說著就掏出了支票簿。

我開了支票，然後遞給他，他有點羞愧地接過，他知道支票沒什麼問題。

「我以為你在開玩笑。」他說。

「普爾先生，我從來不開玩笑。」我說著就從皮夾裡掏出六張保付支票，每一張金額

都是二十萬美元，我一排攤開在他眼前。

「老天！一百二十萬美元！」他說。

「是的，除了這裡還有幾百萬。」我向他保證。

幾天之後，我從普爾手中收購了剩下的五百五十股普通股，支付大約二十萬六千美元。我還借給這家公司十五萬五千美元。我和普爾同意將公司的資本額增加至一百萬美元，並且在幾個國家開設分支機構。

這次交易擴展了我名下公司的領域，包括緬因州的一家沙丁魚工廠，堪薩斯城外的一家肉類加工廠，都在普爾公司旗下。我一定是從骨子裡就感應到不久後的大蕭條，因為我不只接手，還做好應對的準備。

我不只四處收購，也在各地開設分支。我在新英格蘭地區有三十五間公司，在四十五家銀行有大筆存款。我根本像是熱鍋上的螞蟻！許多人認為我發現了印加帝國的寶藏，或是阿拉丁神燈。如果他們真的想過回郵券的事情，那一定會頭暈目眩。我需要多少回郵券，才能證明自己所言不假？其實，我當時的有形資產超過五百萬美元，假如每一張回郵券讓我賺兩美分，那我需要兩億五千萬張！非常荒謬，因為世界上沒有這麼多回郵券，以後也不會有。光印出來就要連續花好幾個月！

總之這一段時間以來，我根本沒收到任何回郵券，事實上，第一批之後我就買不到了。只能買少量。原因在於，現有的供應無法滿足增加的需求，各國必須向萬國郵政聯盟訂購。可是，如果越來越多國家的郵政機關發現這個不尋常的跡象時，祕密就浮上水面了。他們會一個接一個暫停出售回郵券。

我很快就知道這個消息。事實上，比華盛頓當局知道得要早，但還沒快到可以擺脫困境。我依然相信可以收到回郵券，於是用新的資金來補回舊的票據。我在回郵券沒到的時候，才發現自己的處境——我不可能全額支付那些未付票據。我不但無法支付承諾的五○％利息，甚至連退還的本金都不超過七五％。

該怎麼辦？宣告破產被起訴，還是繼續虛張聲勢，相信運氣？我繼續騙局，希望最後能想出可行的計畫，讓我所有的債權人都拿到錢。我從沒想過要把現金都放到口袋裡，然後溜之大吉。如果我真的那樣，就不會被全世界稱為「該死的傻子」了。幸運的是，傻子不管去哪裡都不會寂寞，總是能在最意想不到的地方找到同伴。這就是我能多撐幾個月的原因。

有天早上，郵政調查員來辦公室拜訪。應該說，這是其中一次拜訪，他們那陣子很常來。我一看見他們，就看出他們有目的。總之，他們明快的態度讓我開始警覺。

其中一人說：「龐茲先生，我們發現你的一些說法跟我們從當局聽到的有出入。」

我問：「你是說，如果你不反對官方說法，那我應該是個騙子？」

他說：「不，不。我們是來聽你解釋的。」我說：「哪方面的解釋？」

「關於你購買的回郵券。我們想知道，你是從哪裡買的？」

我拒絕留下證據：「我無法透露，只能說，你在任何一個貨幣貶值的國家都可以買到，而且可以從中獲利。」

「像是哪些國家？」他深入問道。

「例如，義大利、法國、羅馬尼亞、希臘等等。」我回答。

他說：「很剛好。現在有消息指出，義大利、法國、羅馬尼亞已經退出了郵政聯盟，並從三月三十一日起暫停出售回郵券。」

我反駁：「這不算是新聞了。這個消息是你們不久前發給郵局的，我這裡還有張公告。」

「你等於承認，在那些國家買不到回郵券了嗎？」他試圖要我認罪。

我回答：「不，我沒有這樣說。但硬要我評論的話，我或許認同，他們不再向公眾出售了。但我可以告訴你，我的訂單在任何國家都不會被拒絕。」

「所以說，這些行動都是在那些國家政府不知情的狀況下進行嗎？」他猜測。

我同意：「可能吧。但那和我無關，我只在乎能不能買到。」

「假如你真的可以買到回郵券，你打算如何兌換？」他問。

我回答：「和往常一樣，全都送去郵局。」

「可是，所有的郵局局長都接到通知，不再兌換這些國家在三月三十一日之後發行的回郵券。」他堅持。

「那又如何？如果那些國家還是可以買到，那不管規定如何，蓋上三月三十一之前的章就可以了。」我反駁。

「你的意思是，你跟一些瀆職的郵政官員有關係嗎？」他繼續問。

「我沒這個意思，也沒這樣說。我只是告訴你克服某些困難的方法，你想怎麼推論都可以。」我回答。

就在這時，西尤羅（Al Ciullo）走進辦公室。真是好朋友，上天派他來的。他不知道和我談話的兩位是調查員，也不知道我們談了什麼。

「龐茲，我今天早上收到了義大利寄來的包裹。」他打斷了我們，遞給我一個信封，裡面大概裝了三百張回郵券。

我取出回郵券，笑著看向兩位調查員。他們閃電般地轉向西尤羅。

「你從哪裡得到的？」他們問。

西尤羅說：「我在義大利的叔叔寄來的。」他們追問：「你叔叔做什麼的？」

「他是一個小鎮裡的郵局局長。」西尤羅告訴他們。

「你什麼時候收到的？」調查員將槍口指向他。「今天早上。」他解釋。

「怎麼送來的？」調查員又問。

「寄來的。」

「讓我們看看信封。」西尤羅回答。

「讓我們看看信封。」調查員對我說。

我把信封交給他，他仔細檢查一番，看了看郵戳日期，上面寫著五月某一天。

我略帶諷刺地說：「好吧。希望你們滿意了。除了我，還有其他人可以在義大利買到回郵券——而且三月三十一日已經是兩個月前了。」

「該死！」調查員離開時說。他已經知道夠多了，變得非常沒耐性。

雖然困難重重，我卻還沒完全放棄買回郵券的想法。

我了解人性、了解公務員的弱點，也了解金錢萬能，我想讓金錢開口說話。

有消息說，漢諾威信託公司的老闆奇米林斯基（Henry H. Chmielinski）是波蘭在美國的非

官方代表，我不知道真實性，但他似乎很懂波蘭的事情，而且有辦法接觸波蘭官員。有一次跟他談話時，他提到波蘭正在和美國協商一筆一千萬美元的貸款。

我突然有個想法。

我告訴他：「奇米林斯基，這是你一輩子賺大錢的機會。」他問：「怎麼賺？」

「在波蘭找到相關人士，然後解決問題，讓他們賣給我足夠數量的回郵券，可以用他們的貨幣，但要等價一千萬美元。接著我會在兩週之內給他們一千萬。我可以接受他們分六期每月交貨。」

「我可以提議他，但我不確定能不能成功。」他同意了。

我說：「奇米林斯基，聽著，全世界的公務員都差不多，就去做吧，我不是那種愛賭又怕的人。」

他負責華沙那邊，我負責華盛頓這邊。兌換跟購買一樣重要。但這筆交易的數額太大，只有郵政總長可以親自處理。

我找律師透過國會議員塔格（Peter Tague）聯繫到郵政總長。幾天之後，塔格發來電報，說郵政總長伯利森（Burleson）宣布這筆交易完全合法。不僅如此，我不久之後在派克大廈跟塔格見了一面，他說伯利森同意我每個月兌換價值一百萬美元的回郵券。

給波蘭共和國的大支票

波蘭共和國發行了一千萬美元的自由公債，新英格蘭地區認購非常踴躍。最高額的第一批來自波士頓的漢諾威信託公司，負責認購的是該公司的副總經理兼財務主管會計奇米林斯基，他也是波蘭人。支票金額是五萬美元，他對這次行動表示：

我誠摯希望新英格蘭地區的每一個波蘭裔都購買波蘭共和國的債券，波蘭正在努力成立一個有秩序的政府，而我們應該為此自豪。拋開愛國的因素，購買波蘭公債也是一項很好的投資，波蘭會履行承諾。該國債務是歐洲國家最少的，以投資來說，我認為波蘭債券相當安全可靠。

—— 《羅爾太陽報》（*Lowell sun newspaper*），一九二○年六月十九日，波蘭聯絡處

20 破產或擴張

除了更多辦事處，龐茲還需要政界、法界的人脈，才能讓投資人繼續瘋狂。

跟波蘭的交易變成泡影，因為對方沒辦法交貨，我被束之高閣，眼下沒有利潤，沒辦法使開出的票據兌現。我只能採取一種歷史悠久的做法，拆東牆、補西牆。

我如果不想沉沒，就得繼續游，而我真的不想淹死。不只那時候，我現在也認為活著就有希望，而我還是抱持希望。

正因如此，人們都叫我樂觀主義者、夢想家、空想家之類的，還有騙子——可能是我不像我所知的一些銀行家跟大公司，他們有辦法脫身。我如果有辦法，可能會被人們叫做天才、先驅，而且不帶引號。

抱有希望，表示要拚搏，為保護自己而戰。我在毀滅邊緣，並不是因為政府、利益集

團或任何人的施壓，而是因為我所選擇挑戰的事物有其秩序。說得直接一點，我雖然一開始是真心想做好，但沒有人應該要對我造成的困境負責，除了我自己。

我真正的困難在於，每一次透過發行另一張票據來補好先前的票據，我的債務就增加了七五％。這表示我如果在一九一九年十二月（生意剛開始時）借了一百美元，以每六週七五％的複利計算，我會在十個月之後積欠大約兩千美元。之後的投資雖然會按比例減少，但仍是一筆巨款。

這確實相對嚴峻，但有四、五百萬美元現金在手，加上引渡法的灰色地帶也有機會，其實那時還不算病入膏肓。這頗為理想。但對於我這種固執的人來說，事情一定要堅持到底，到最後就不只是病入膏肓了。非常絕望。哥倫布在四百年前從西班牙出發，朝向他以為直通亞洲跟東印度群島的西方出發，並在途中發現了美洲。他不知道自己在何方，只有當地的印地安人知道而已。但他就剛好碰上了。

我有同感，我知道停下來之後要面對什麼，卻不知道繼續向前會碰到什麼。而我一直對命運有信心，也認為自己可以開創新局。我就像是一頭闖進瓷器店裡的公牛，沒頭沒腦地向前衝，粉碎了華爾街那些華而不實的先例和原則。

我相信自己可以應付死亡之外的所有事，而死亡是我最不擔心的事。相反地，這卻是

我想保護投資人、家人要第一注意的事情。解法就是買壽險。我決定買一份足夠高額的保險，才能在未來支付我所有未償還的債務。而且還不斷提高保額，這樣才能跟上積欠的速度。

一如往常，這股衝動使我馬上打電話給保險經紀人。他不到十分鐘就趕來我的辦公室。

我說：「我跟你說說我的想法。我想要一份為期一年的壽險，保額要超過我未償付票據的金額。延長保單一年或更久的時候，我也希望有不定期增加保額的權利。受益人必須是幾家銀行，例如第一國民銀行（First National Bank），讓他們作為票據持有者的委託人。」

「你的目的是什麼？」保險經紀人問我。

我解釋：「目的就是，只要我哪天死了，我的投資人可以從這份保單得到全額償付，而我的財產就可以完整留給我家人，不會有任何困難。所以，我希望投保金額一般要大於我的負債，隨著我的負債增加，我必須相應地增加我的保額。」

保險經紀人承諾他會快點處理好，然後離開了。我去了第一國民銀行，把這個想法告訴信託部門的副經理。他批准了，我們一起去了布洛傑特（Blodgett）律師的辦公室，起草了一份正式合約。

這個合約在一連串「正式開場白」之後，敘述道：證券交易公司的總經理龐茲先生從

事回郵券生意，以此為基礎向公眾籌資，每四十五天的利率是五〇％。龐茲先生委託波士頓第一國民銀行為保險受益人，信託一份價值數百萬美元的人壽保單，在龐茲先生死亡的狀況下，該銀行同意履行證券交易公司的所有未償還債務，請參見協議的附件與說明。

解決了死亡之後的問題，我轉向每天都要面對的現實。我一直被調查，這很麻煩。我無法阻止一切，郵政調查員也非常堅持，慢慢地向我逼近。大量難纏的證據已被他們掌握，但我也不是省油的燈。就算回郵券是騙局，但我還可以贖回票據，這讓我無法被起訴。除非拖欠付款，否則他們也不能起訴我。我不得不時刻刻保持警惕。

當局一般都不愛管閒事，或是惹麻煩。但他們不時會想製造出存在感，引發一些驚喜。例如，有天早上，我接到了我在新罕布夏州曼徹斯特的代理人的電話，他告訴我，該地的保險事務專員[17]已經他在獲得許可之前繼續營業。事情很嚴重，會威脅到我的整個網路。新罕布夏州的失敗會連帶影響整個新英格蘭地區，因為我在許多州都有分支機構。

我跳進一輛租來的車，趕往曼徹斯特。一到達那裡，我的代理人就跟我說明詳細狀況。

然後我們去了銀行總部，跟那裡的人商討對策。

他對我說：「很高興你能來，因為情況很危險，我們必須找方法處理。」

我問：「除了布魯諾（Bruno）跟我說的，還有什麼內情嗎？」布魯諾是我在曼徹斯特的

代理人。

他回答：「有。事實上是內部問題。」我猜：「政治？」

他承認說：「稍微有關。但主要經濟利益方面的施壓，這比其他方面都大。」

我問：「你知道來源嗎？」

「我知道的不是非常準確。但我猜，也許銀行之間的猜忌比其他機構都還要多。眾所皆知，你是我們的存款人，你在我們這裡有一大筆存款。」他回答。

「但顯然，你一定知道怎麼處理這種況吧？」我想賭一把。

他說：「我有，可能跟其他人的方法差不多。」我問：「你會建議我怎麼做？」

他回答：「我的建議是，找一位優秀的律師來處理法律跟其他方面的事。可能會有點貴，但最後會值得的。」

「有的。你去找這座大樓裡的律師，跟他報我的名字就可以了，布魯諾會帶你去，他

「你有想到可以找哪一位律師嗎？」我問。

----

17 Insurance Commissioner，是美國地方行政部門的公職人員，目的在於維護保險產品的公平定價，保護保險公司的償付能力，以及防止保險公司的不公平行為。

們認識。」

布魯諾和我上樓找那位律師。

對方聽了我的話之後，建議：「應該要採取的立場是：你們的業務不屬於《藍天法案》[18]的範圍。」

「確實如此。」我同意。

「保險事務專員認為布魯諾應該提出一份許可證的申請。」他繼續分析：「但這份申請需要你詳細記錄商業機密，我猜你不可能會想透露。所以不可能提出申請。我們將對這個法律管轄權提出異議。」

「我們可以今天處理好這件事嗎？」我問。

他說：「希望可以，我們馬上去康科特，找那位保險事務專員協調。」

那位律師充當司機！他開著他的斯圖茲（Stutz）在路上奔馳。不管是彎道還是直線，我沒有一天離車禍那麼近過，可以打破所有佛羅里達通納海灘（Daytona Beach）的紀錄！

到了康科特，保險事務專員立刻與我們會談。他跟我的律師辯論得非常激烈，但會議總會散場，而保險事務專員同意會仔細思考這件事。專員和我們一起回曼徹斯特，在回程途中，我跟他坐在後座。我們聊了不少。他對證券交易公司的運作非常感興趣，而且

細節很吸引他。我趁機向他描繪了一幅美好的畫面。我們在曼徹斯特分開了。

晚上，我和布魯諾依約跟律師碰面。

「嗯，有什麼新進展嗎？」我問。

我的律師說：「你離開之後，我和保險事務專員談了很久，他似乎承認他沒有管轄權。」

「太好了！他什麼時候會宣布這個決定？」我幾乎用喊的。

「也許是明天。他告訴我，康科特的回程上你的解釋讓他印象深刻。」他回答

「真的嗎？」我說。

「真的。我個人相信，他可能會毫不猶豫地投資一小筆。」他證實。

我說：「聽起來好到難以置信。你能安排一下嗎？」他回答：「我懷疑可不可行。因為他沒有錢。」

我告訴他：「見鬼了！但沒關係，他可以不花一分錢就拿到我們的一張票據，他的名字出現在我的名冊上，對我來說比金錢還有價值。」

18 | 這類法案用於規範證券交易，以及股票經紀人和投資顧問的登記。

「你真的想嗎？」律師問道。

「我想嗎？聽好！我想嗎？我太想了，沒有他我簡直活不下去！」我回答。

我的律師承諾：「我相信我可以處理。不過，沒有適當作法就直接給他票據行不通。

我們來做正事吧。」

證券交易公司在曼徹斯特的廣告

※ 聲明

總部位於麻州波士頓的證券交易公司，將在朴茨茅斯（Portsmouth）普萊斯特街（Pleasant Street）十三號二樓第四室開設辦事處，為以下城鎮的居民提供服務：多佛（Dover）、羅徹斯特（Rochester）、法明頓（Farmington）、索姆斯沃斯（Somes-worth）、基特里（Kittery）、紐馬基特（New Market）、朴茨茅斯、埃克塞特（Exeter）、漢普頓（Hampton）、拉伊（Rye）和埃平（Epping）。

由查爾斯·龐茲先生管理的證券交易公司，總部位於波士頓學院街二十七號，經營一般外匯業務，專營國際回信郵票券業務。按美國與義大利目前的匯率，大約一點五一般分就可以買到義大利的一張回郵券，而在美國可以兌換五美分，因此每張利潤是三

點五每分。

證券交易公司會給所有投資人一張票據，承諾在九十天內支付五〇％的利息。到目前為止，所有的持票人都在四十五天之內得到了五〇％的利息。

如需更多訊息，請洽證券交易公司當地辦公室。

布魯諾代理，一九二〇年七月九日

「接著要怎麼做？」我說。

律師建議：「你和布魯諾安排一下，讓那位專員從銀行借一些錢。讓他用借來的錢投資，當他連本帶利拿回去之後，就可以償清銀行的貸款了。」

我說：「這很簡單，要讓他借多少錢？」他回答：「兩千美元如何？」

我同意：「沒問題，我馬上去銀行安排。」

銀行欣然同意讓那位專員用個人名義借貸兩千美元，而且同意布魯諾是這筆貸款的保證人。

「結果如何？」一名職員問我，他指的是跟專員的會談。

「我想我們贏了。」我說。

「專員會給布魯諾許可證嗎？」他問。

「我不認為他會。他似乎已經同意自己沒有管轄權。順便問一下，他在你們銀行的信用如何？」

這位銀行職員回答：「不怎麼樣，他的財務狀況非常吃緊。」

我說：「好吧，這無妨。我想請你讓他以個人名義借貸兩千美元，有效期限六十天，而布魯諾會為他擔保。這樣可以嗎？」

他說：「沒問題。如果你想要，我可以借他一萬美元。」

我告訴他：「不用，兩千美元就夠了。到期之後，如果他不付款，就記在布魯諾或是我的帳上。」

「我可以問一下貸款目的嗎？」銀行職員問。我說：「當然，他投資這兩千美元給我。」

「聰明的選擇！」銀行職員笑著說。

我當晚離開曼徹斯特時，成果比我預期的還多。兩天後，那位保險事務專員宣布我的代理人不需要許可證。他後來就去了銀行；我的律師也去銀行取了些錢，是他自己的一萬五千美元，投資給布魯諾。

曼徹斯特的事件發生後不久，我「受邀」到麻州銀行委員會辦公室參加會議。那裡的

專員無法強迫我出席，所以我原本可以拒絕「邀請」，但另一方面，我也不能讓他覺得我怕了。畢竟他的提問不可能讓我難堪，他所不知道的回郵券、外匯知識，多到可以填滿一座大型圖書館。

我到達州議會大廈，直接被帶進了他的辦公室。那陣子我去哪裡都不用等。他熱烈歡迎，讓我受寵若驚。彷彿食人族在問候傳教士——知道晚餐送上門，準備像匈牙利燉牛肉一樣切成小塊。我似乎看見他正期待地舔著嘴唇。我不是在說食人族，而是那位銀行事務專員（Bank Commissioner）。

桌子都擺好了，他們的「客人」也就坐。總之，還有兩位聯邦檢察官以及波士頓一家銀行的外匯專家。這場面不是很大。專員本人似乎對外匯不太熟，而兩位聯邦檢察官對法律的理解也不如他們自己的助理。外匯專家跟其他專家差不多，都有一種天賦，能把自己不懂的東西用沒人聽得懂的方式表達出來。這就是他每次開口都會贏得掌聲的原因。

我端詳了這場祕密會議，就知道很好處理。跟他們鬥智鬥勇會讓我慚愧。這就像是從嬰兒那裡偷走糖果一樣。但他們是挑戰方，我不能讓他們拿著棒棒糖離開。會議沒有持續很久，因為沒辦法太久。我的對手們甚至在半途就耗盡精力。外匯專家不得不同意我的外匯觀點；兩位聯邦檢察官不得不同意我的行為沒有違反任何州法；那位專員也不得

不承認，我的公司不屬於他的管轄範圍。

我們像摯友一樣道別。但很抱歉，我們無法更深交了。

其中一位聯邦檢察官完全沉迷了。他把我拉到一邊，說他想到我的辦公室來投資一點。專員則沒有明確表態，但我記得他大概這樣說：「你何不找個時間來拜訪我？」

21 不過是擠兌

經驗告訴龐茲，「恐慌不會超過四十八小時」，只要撐得過去，群眾又會搶著回來投資。

我辦公室裡總是一波未平、一波又起。我從早上九點到下午五點都沒有一分鐘自己的時間，而我的生活就是一個接一個的驚喜。有愉快的，也有不愉快的，大部分算是有趣——因為我有幽默感，而且至今依然如此。我失去了一切，除了幽默感。

有天早上我在看信時，突然有人來訪：是一位麻州的參議員。我請他進來。

他表明：「我代表我一群朋友。我們一起湊了一大筆錢，希望買下你公司一半股份。」

我說：「但我連八分之一都不想賣。」

他強調說：「我們有猜到。他們請我來給你一百萬美元。為表明誠意，我們已經準備

好錢了。如果你能說出公司機密，我們就會馬上支付。」

我告訴他：「親愛的參議員先生，我完全沒被你的出價嚇到。這小小的百萬很微不足道，因為我每週收入高出一倍。再說，你難道不會想免錢得到機密，然後自己牟利嗎？」

他回答：「我們有聲譽和道德。我們都是品格高尚的人。」

我肯定地說：「我不懷疑。但另一方面，經驗告訴我不要賭別人的品格。我很抱歉，參議員先生，那一點錢在這裡買不到什麼。如果是要給我提供貸款，這甚至也沒有吸引力。再見，參議員先生！」

參議員正要出去，警察局總部一位警官就來了。他說自己接到了坎貝爾夫人（Campbell）的投訴。

「投訴什麼？」我問。

「她說，你誘使她投資了一些錢，但她聽朋友說她拿不回來。她想拿回這些錢。」他說。

我告訴他：「從法律上講，她無法強迫我在票據到期前兌現，所以你應該愛莫能助。但既然我的宗旨是，如果投資人不滿，我們可以退還本金，那就叫她來拿回她的錢吧。」

「你會還給她嗎？」他問道。

「當然，我會的。」我保證，然後他離開了。

過了一會兒，他跟坎貝爾夫人一起過來。他把票據遞給我，我請祕書開一張支票給她。

坎貝爾夫人看到自己可以把錢拿回來，就改變了主意。

她說：「龐茲先生，我很抱歉有成見，是我朋友讓我這樣想的。我想把錢繼續留著，直到票據到期為止。」

警官打斷她：「什麼？妳小題大作，讓我惹了這麼多麻煩，現在還不想拿回去嗎？妳想怎樣就怎樣吧，但我以後不再處理妳的案子了。」他說完之後想離開，我請他留步。

「等結束之後再走吧。」我對他說，然後轉向坎貝爾夫人：「很抱歉，妳現在必須把妳的錢拿走。我不想要。我不喜歡對我沒信心的投資人。去找妳的朋友，跟他們說妳真的拿回來了，感謝他們的所有建議。再見，夫人。」

警官跟我握手，說道：「龐茲先生，如果突然來訪造成不便，我很抱歉。我已經看到你怎麼做生意的，之後如果有人跟我投訴，我會知道該怎麼處理。」

我說：「很高興你過來一趟，這一點都不麻煩。你看到我處理坎貝爾夫人的事，而我也隨時準備給所有投資人一樣的服務。但我希望、並祈禱投資人不會那樣，因為我很忙。」

不過，坎貝爾夫人的神經質程度，跟麻州一個小鎮警察局長的厚臉皮程度差不多。後者非常膽大。他有一天來我的辦公室說自己想投資，但他沒有錢。

我問：「好，那麼你想用什麼投資？用你的警徽？」

他回答：「不，我想我可以給你五百美元的票據，你可以在你的銀行兌現。」

我叫道：「棒極了！所以不管你到底有沒有錢，你都希望我用我的銀行貸款給你，然後再付你五〇％的利息？」

他說：「哦，你不會有任何損失的，對你來說，跟誰拿錢都一樣。」

我告訴他：「長官，聽好了。我不想爭論，因為我有更重要的事，但我覺得這很有趣──你來這裡把我當傻子。所以，我就照你的要求做。來，在這張五百元的票據上簽名，然後我就給你投資。」

過了幾天，有一名女記者像巫婆一樣衝進我辦公室，喊說我騙了她的幾位朋友。我問：「妳到底在說什麼？」她回答：「你心知肚明，你從警察局長那裡拿走了五百美元對吧，我就是來告訴你，如果你不馬上歸還，我就揭發你。」我問她：「哪裡的警察局長？有太多個了。」她說了一個麻州小鎮，我忍不住笑著說：「妳說我欺騙他，是嗎？」她回答：「沒錯，我知道你跟他拿錢。」我告訴她：「好吧，既然妳這麼聰明，我就告訴妳。妳這個朋友跟我借了錢，剛好就是用來投資的錢。」

「我不信。」她說。

我生氣地說：「我不在乎妳信不信，這是他的簽名，如果精力這麼充沛，那請妳走出這間辦公室吧，滾遠一點。」

我說：「妳這樣的可不是淑女。滾出去，不然我就叫人送妳，妳想揭發我就去吧。」她警告我：「注意，你在跟女人說話。」

我每天的工作就是一堆這種突發狀況。但這類客訴其實不常發生，而且幾乎沒人知道，因為他們的客訴沒有道理。無論有沒有道理，我從來不會讓投資人為了區區幾百美元而惱怒離開。這就是我能撐這麼久的原因。如果今天有人控告我，整個結構就會被破壞了。

舉例來說，有天一名銀行外務拿了五張證券交易公司的票據過來，每張是一百五十美元。他要求我的員工退回本金。那位員工把票據交給我，我一看就知道是偽造的。我知道這是怎麼從我辦公室外流的，也知道是誰做的。我本來可以拒絕付款，但我沒有──我給了銀行外務七百五十美元，並收回了票據。對我來說，這些損失好過讓銀行認為我要拖欠，也好過讓銀行知道原因。因為那樣會有人被逮捕、定罪，而我可能不得不站上證人席接受訊問。只要別這樣，我其他都能接受。

不只投資人，還有各色各樣的人想見我，像是捐贈機構的律師，簡直比紐澤西州的蚊子還多。只要他們代表的是一些有價值的事業，我是相當慷慨的。我對工會或士兵相

關團體從來不猶豫，但我不會捐錢幫殘障的小貓蓋屋子，也沒捐錢給任何頑固的改革家、反酒吧聯盟。如果這些「改革者」要去中國，我很樂意免費提供一張單程機票。

在捐贈機構的律師中，有一位從俄亥俄州馬里昂（Marion）遠道而來卻徒勞無功，因為他選日子的運氣不太好。我那天非常忙，對他來說真是不幸──或許對我來說也是。否則，當時我就捐五萬美元給未來總統的政治集團。

木已成舟，後悔有什麼用？那時一個員工走進我辦公室，遞上一張名片，我瞥了一眼。我不記得名字，只記得來自俄亥俄州馬里昂。

「是誰？想做什麼？」我問。

員工回答：「我不認識。他說他來自馬里昂，有重要的事找你。」

我指示：「跟他說抱歉，但我太忙了，沒辦法見任何人。」

「那位先生說有很重要的事情，一定要找你。」那個員工提醒我。

我生氣了⋯「我不在乎有多重要，我不會去的。」我轉身對祕書說：「梅利小姐，你去見他，讓他跟妳說，我只能做到這樣了。」

梅利小姐跟對方談了一會兒，被說動了，然後回到辦公室。

「他堅持要見你本人。」她說。

我說：「他不能堅持要指使我，我如果說不能，那就是定局。現在就算他是俄國沙皇，我也不願意。」

梅利小姐說：「可是，他說他是哈定參議員的特派信使，哈定派他來執行機密任務。」

我反駁：「是嗎？那妳告訴他，我是想到參議員的事，但我不會見他，就算是參議員也一樣。因為美國有九十六位參議員，我不能開這種先例。」

我那時可能太有精神了，但誰會料到哈定會選上美國總統？那時候，這彷彿是我要把賭注放在羅金厄姆（Rockingham）或納拉甘塞姆（Narragansett）這些地方去，看起來沒勝算。

但其實賭賭看還不錯的，我原本有機會用一點交涉手腕跟新政府搞好關係，或許還能贏過辛克萊石油公司（Sinclair）取得茶壺山油田（Tea Pot Oil Dome）的租賃權。[19]

我當時精神太好是有原因的。有人跟我說，法院那邊正在醞釀——不是醞釀麥芽，也不是啤酒花。那種醞釀非常麻煩，讓我如坐針氈。我想知道內幕，越早越好。那位俄亥俄州的律師拜訪時，我正好在等另一位消息靈通的記者。

記者一到，我們就一起去法院。我們找窗口、探問情報，並且花錢爭取一個小時

19 ──────
該處在哈定任內發生了「茶壺山醜聞案」，被視為水門事件之前美國最大和最轟動的醜聞。

的暫緩執行。這花了一千美元，但真划算！如果沒有那一小時，證券交易公司會更早夭折。

這整件事情，是有個傢俱商提出一百萬美元的訴訟。他聲稱，自己幾個月之前借我兩百美元，所以擁有證券交易公司一半股權。我不擔心輸贏，卻很擔心隨之而來的扣押。因為那包含了非常多存款，足以讓我癱瘓。事實上，包含大都會信託公司（Cosmopolitan Trust Company）的四百萬美元、特里蒙信託公司的七十萬美元、波士頓國家商業銀行（Merchants National Bank）的四萬九千美元、第一國民銀行的一萬美元，以及漢諾威信託公司的二十萬美元。

那一個小時的暫緩執行，讓我有時間打電話給大部分銀行安排，所以只有一小部分資金受到扣押令影響。我放棄其中兩筆比較少的存款了。最後，我挽回在特里蒙信託公司的七成五存款，以及在漢諾威信託公司的九成存款。在大都會信託公司那邊，他們說我晚了一步，而我沒有花時間爭論，因為我得在扣押的新聞上報紙之前趕回辦公室，準備面對一定會出現的擠兌。

面對擠兌，我有波士頓的三百萬美元現金，還有波士頓之外的另外三百萬美元。這持續了好幾天。我在兩天之內退還了大約一百萬美元，讓我省下了五十萬美元的利息，否

則票據到期時我還得拿出來。投資人重振信心，只要四十八小時就夠了。一百萬美元又回來了。我拿回來的時間比擠兌退款還要快速。

22 銀行剋星

攻擊銀行有什麼好處？龐茲的答案是一五〇％獲利外加銀行董事寶座。好生意，不做嗎？

這次擠兌吸引了群眾的一些注意力，但這在普羅大眾之間並沒有傷害到我，恰好相反，這增加了我每一天的收入。這個消息讓金融界一些人眼紅。你懂的，銀行家討厭競爭，也害怕競爭。尤其是我引發的這一種。他們能給存款人最高的年利率是四％；我不只給，而且實際支付，讓投資人在四十五天內得到五〇％的利息，或者，年利率四〇〇％。

從銀行取走的存款，跟我的現金收入成正比。我賺的越多，銀行付的就越多。而且我拿到錢之後，就只會存入我已經有開戶的銀行，尤其是漢諾威信託公司。因為我的目的就是抽走幾家銀行的流動資金，迫使他們最後只能接受我的出價，將銀行賣給我。情場

跟戰場總是兵不厭詐。

我都算好了，銀行不能一直被取款同時又生存下去。有些可能撐得比較久，但他們遲早要二選一：出售股份，或者關門大吉。銀行如果倒閉，損失的通常會是股東。股東不但拿不回投資的股份，而且一般狀況是，他們會被評估、被要求攤派跟他們所有股票面值的同等金額。換句話說，銀行破產的話，某人如果花了一百二十五美元買了銀行的一股，那他不只賠了這一百二十五美元，通常還會被要求再支付一百二十五美元。

照理來說，我覺得在這種狀況下，任何銀行股如果能用每股五十美元的價格賣給我，那一定高興死了。不賣給我一定是傻瓜。這就是我的計畫。因為我每投資五十美元，就可以有七十五美元的利潤，也就是一五〇％，比大聯盟傳奇羅賓森（Jack Robinson）還快。

如何達到？又為什麼可以？很簡單！當時投資人對我很有信心，他們寧願存錢到我名下的銀行，而不是別人的。不過，快要倒閉的銀行就算沒有新存款，我還是可以把資金取出來，用我的名義重新給該銀行注入資金，這樣就會恢復正常。因為我已經放棄回郵券了，也沒有經營其他生意，現金大量流入的速度比我的支出更快，所以我處在一個讓資金閒置的狀態。銀行不論如何都只能每年給我四％。

我的利潤會來自另一個地方，那就是我低價買入銀行股，等待之後的增值。這絕對

沒問題，而且很容易。我可以今天用每股五十美元的價格收購一家銀行，一週後用每股一百二十五美元（或更高）出售四九％的股權。公眾會很樂意認購我的任何股票——不是因為它本身值錢，而是因為我的名字、我的信譽，正如他們購買我發行的票據。

以上，是讓我擺脫困境的一種辦法，也是一個轉機，讓我能從郵券投資轉向相對保守的生意。把我要清償的四○○％年利率逐次降低，然後不遠的將來，就會有一個千萬富翁退休了。可惜我沒能成功。

原因很多種，但我從來沒有仔細分析過。總之，擠兌引起了群眾注意，而群眾注意又引起了我一家存款銀行的注意。這在所難免，我沒辦法。因為幾個月以來，他們無時無刻都聽見我的名字——在電話裡、在櫃檯旁，也在許多信上看到了，電報也是，我幾乎如影隨形。但實際上，每當有人要我提供證明時，我通常會提供存款銀行。我有時甚至會講細節，說我在那家銀行有一大筆錢，不僅如此，還說該銀行目前是我人壽保單的信託受益人。

銀行裡的所有人，從總經理到信差，全都厭倦了回答關於龐茲的問題。尤其因為他們自己也不是很了解。於是，有一天他們請我過去。我去了，然後被領進一間私人辦公室，我不知道對方是誰，但他直接切入重點。

他說：「龐茲先生，到處都要求我們提供你的背景。但很抱歉，我們提不出任何資訊。」

我們對你的生意一無所知。」

我對他說：「你當然不知道，我也不希望你回答自己不知道的事，你可以說我在你們銀行有大量存款。」

「問題就在於，那些人似乎會以為我們銀行某種程度上跟你們的生意有關連。」他抱怨。

我解釋：「我無法改變這個，人們的想法跟信念已經超過我的控制範圍。」

他承認：「當然，但我們現在狀況很尷尬。保險起見，我建議你結清我們銀行的帳戶。」

我說：「沒問題，給我餘額就可以了。」他回答：「謝謝你，龐茲先生，我馬上給你開支票。」

「為什麼是支票？如果你不介意，我要現金。」我說。

他驚訝地說：「你該不會是說，你不接受我們的支票吧？」我應付他：「細節不說了。」

但你要我結清帳戶的話，就給我千元美鈔吧，應該會有四十五張。」

他討厭我的態度，卻無法回絕我。他給了現金，然後我就離開了。不管有沒有帳戶，我還是可以利用該銀行做證明，因為他們是我保單下的受益人之一──雖然這已經沒有必要了。因為那時我找了鄧白氏公司（Dun and Bradstreet），他們給我的估值是八百萬美元！

引發擠兌的訴訟還在進行，我找了亞瑟‧希爾（Arthur D. Hill）擔任律師，一定會贏。

但同時我還有七十五萬美元被扣押，順帶一提，期間是沒有利息的。

這使我思考。扣押我存款的銀行可以利用這筆錢，卻不用付利息。官司打得越久，他們就越有利。不管最終結果，他們都是既得利益者。其中一家是北區的小銀行，我連名字都記不得。我在那裡有一萬美元，當初為了幫忙才存款。銀行經理苦苦哀求我，我覺得他人不錯，所以把錢交給他，並且無限期存放。但這取決於我的支票。如果我不事先通知就突然結清，那他們會破產。扣押對他們來說是很理想的保護。還有一家稍微大一點的信託公司，我在那裡還被扣押了十九萬美元。不過，他們已經讓我先取出大約五十萬美元。他們也是訴訟的既得利益者之一，而原本可以得到更多。

而我在另一家信託公司也有十九萬美元被扣押。這家銀行的總經理不允許釋出半毛錢，我知道他需要錢，因為不久之前他才來我辦公室，求我在他公司開個戶。

那時他說：「龐茲先生，你簡直讓我活不下去。」我問他：「怎麼了？」

他解釋：「我所有存款人都結清帳戶，把錢投資給你。」我告訴他：「我很抱歉，我沒想到會那麼糟。」

他堅持：「當然有。上個星期，我們每天開給你名字的支票是十萬美元。」

「你想要我怎麼做？」我問他。

「在我銀行存錢吧。」他懇求。

「但我有自己的銀行。」我拒絕。

他說：「我知道，但你因此不留活路給其他人嗎？」

我告訴他：「不，我不想讓任何人走投無路。我會去你那裡存款，把投資人開出的支票重新存回你們銀行。」

我守信用，但那位總經理卻沒原則。當然，我存錢過去時還不知道他的為人。

我發現他跟其他人是同一類，我必須小心以對。我沒想錯，他是那個提告人的律師的朋友。

我拼湊零散的線索，這時有個警察總署的警官來找我。

他告訴我：「有一家信託公司的總經理昨天去了警察總署。」我問：「是嗎？去做什麼？」

他告訴我：「他要揭發你的罪行。」他說。「揭發我？」我問。

「沒錯。」他證實。

「我還以為他是我朋友。」我回答。

「嗯，他其實不是，他說你讓他活不下去。」他說。

我叫道：「真敢講！我大概有四十萬美元無限期鎖在他的銀行裡，甚至沒有利息，他還想要什麼？」

「他想要你被逮捕。」他告訴我。

「是這樣嗎？」我非常驚訝。

他繼續說：「沒錯，他在總署大吼大叫，說我們應該逮捕你。」

「那你們怎麼說？」我問。

「我們告訴他，我們不能逮捕你，因為沒有逮捕的理由。」他說。

「那他怎麼說？」

「他說你應該被抓起來。」

「這是真的嗎？」

「龐茲，你知道我的為人。」警官說。

我說：「好吧，我來對付這個小人。」他拜託我：「看在上帝份上，不要出賣我。」我保證：「別擔心，不用擔心我會怎麼樣。」

他說：「我相信你，我跟總署的大夥們都願意為你赴湯蹈火，我們知道你誠實可靠，

是個好人。」

警官告訴我這些事，而我必須立刻行動。儘管我很不情願，去還是派人找來控告我的那個人。我和他討價還價，最後給他五萬美元讓他撤告，他簽字同意解除扣押。我拿著文件，直接去信託公司找那位總經理。

「我來拿回存款。」我給他看解除扣押的文件。

他說：「已經太晚了，銀行現在是下班時間。明天早上再來吧，我的律師會檢查文件。」

我反擊：「我不會明天來，我現在來拿錢，所以就是要拿到錢。控告我的人來了，我的律師也來了，文件也沒問題。沒拿到錢我不會離開。外面會有兩千多個人，想見識一下你履行義務的能力。」

「銀行現在已經下班了。」他堅持。

「就算是睡覺時間也一樣。把錢拿出來，不然明天早上你別想開門。」我喊道。

他同意：「好吧，我開支票給你。」

我攻擊他：「不用給我什麼支票，你的簽名在我眼中跟本沒信用。我想要現金，總共是三十七萬加上五千美元。」

我大概等了兩個小時才拿到錢。等待時，我跟他還有那位原告朋友的律師客套了幾

句，原告朋友也加入聊天。我一拿錢就走出銀行。隔天早上，我直接去了特里蒙信託公司拿另外的十九萬美元。他們已經知道我會去，我不知道他們為何知道。總之，那裡已經先準備好了十九萬美元的鈔票，我把錢塞進口袋，裡面還有昨天的三十七萬美元。我回辦公室去，途中給了街上的小扒手多少機會啊！你能想像嗎？有人褲子口袋塞著五十六萬的美鈔，在這可愛的老波士頓的街上遊盪！他錢包裡還有六張二十萬美元的支票！他身上光是小面額的鈔票跟零錢，就可以買下一棟公寓。而且他只帶了一支柯爾特點二五的自動手槍。

就算把錢從銀行拿出來，我還是很生氣。我沒有機會冷靜，因為又有其他銀行進來攪和。這次是一家國家銀行，我變得非常暴躁。

「又怎麼了？」我問他們。

「我們的提款銀行通知我們。」

「我們的提款銀行通知我們，除非我們請你把部分存款餘額存入定期存單，否則他們會拒絕辦理我們的清算。」

「什麼意思？」我想知道。

其中一人解釋：「他們負責為我們清算帳目。如果你開了一張幾百萬美元的支票給我們，他們就必須兌現。所以，他們說他們做不到。」

我諷刺地說：「哈哈！我懂了。這些精英們的現金不夠付我的支票？如果我就是想被拒絕呢？我應該把他們擠到一滴不剩！我很樂意。叫他們見鬼去吧，我們來鬧到報紙上。」

「不，不，不能這樣。」他說。

「為什麼？難道我們不能自己結清嗎？」

他回答：「還不能，我們會有麻煩。」我告訴他：「有麻煩也是自找的。」

「但這段期間，我們就沒有清算的總額了，請不要把我們逼成那樣。」

我反駁：「但你們等於是要求我扣押自己的帳戶餘額。我不能這樣，我隨時都可能要用錢。」

他說：「你不必留下所有存款。一部分夠了，大概一百五十萬美元吧。」

我剛開始不為所動，最後還是讓步了。似乎也沒別的選擇。我走出銀行時，手上拿著一百五十萬美元的存單，心裡卻更生氣了。所以我決定把矛頭指向整個銀行業。我一回辦公室，就打電話給州議會的銀行事務專員，我們約好在州議會大廈見面。

我說：「先生，我計畫要增加漢諾威信託公司的存款，但在行動之前，我希望得到你的批准。」

「你有什麼計畫？」他問。

我解釋：「計畫是舉辦一場比賽。我每個月會有一千美元的獎金，獎勵能幫助漢諾威信託公司吸引最多存款的人。」

「你打算如何進行？」他問。

我告訴他：「我會印出幾萬張卡片，類似於名片，參賽者可以交給朋友們。每張卡片上都會有新存款人的名字與參賽者的簽名。卡片會跟開戶存款一起上交，銀行會存檔或是交給我處理。到了月底，卡片會被統計歸類。有最多張卡片的選手會得到那一千美元獎金。」

專員說：「我看不出哪裡不合規定。你身為美國公民，你有權自由支配你的金錢。但你不能用漢諾威信託公司的錢來做，也不能用銀行的名義來推廣。」

「我會遵守你的指示。」我向他保證，然後離開。我派人去找印刷廠，告訴他們需求什麼。我馬上就拿到一、兩萬張卡片，接著在辦公室裡貼了幾張告示，上面寫著比賽規則。

我和銀行之間的戰爭開始了。我是挑戰的發起人，而我立刻行動，打出了第一擊。

23 船隊計畫

龐茲看上美國政府一支價值兩億美元的大船隊，想出了一套精妙的緩兵之計。

我有一段時間沒見到郵政調查員了，也沒有他們的消息。不知道他們是否遇上意外（如我所願），還是因為碰到瓶頸而放棄調查了。但我沒有這種運氣，實際上他們一直在挖掘真相。

有一天，電話響起。外面辦公室的一個員工接起分機，然後跑來告訴我，聯邦檢察官正在線上，我於是接起電話。

「龐茲先生，我是聯邦檢察官。」話筒傳來聲音。

「你好，需要什麼幫助嗎？」我打了招呼。

「我想和你談談，你方便跟我見面嗎？」

「當然可以，我們約在哪裡？」

「你能到我辦公室——來波士頓找我嗎？」

「先生，沒問題。」

「什麼時候？」

「如果你希望，那我會馬上過去。」

「龐茲先生，我不想給你帶來不便。」他道歉。

我保證：「完全不會不方便。我一向樂意聽從府方安排。」

這當然是假話。我還寧願去見魔鬼，但我們總是該保持禮貌。

「非常感謝。你說現在就能來？」那位聯邦檢察官說。

我保證：「沒錯，先生，我十分鐘內就會到你辦公室。」

「別客氣，馬上到。」他說：「那我就等你，謝謝。」

我立刻去了他的辦公室。我報上姓名，被領進了進去，我在那裡看見他的一名助理、一名速記員和我的兩位郵政調查員「朋友」。我們一如往常寒暄了幾句。那位聯邦檢察官

問：「你的律師呢？」我回答：「我沒有律師。」

他問：「你是說，你一個人來參加會談？」我反問：「難道我會遭到什麼危險嗎？」

「不是，我只是以為你想維護自己的權益。大家都知道，根據憲法，除非你自己想開口，否則任何人都無權強迫你發言。」他說。

「不過，我無意行使憲法賦予我的權利。」我告訴他：「我猜，你想知道我的一些活動，我很樂意回答你的問題，因為我沒什麼要隱瞞的。」

他說：「龐茲先生，你能有這種態度真是太好了。你介意兩位郵政調查員也在場嗎？」

我語帶幽默地說：「那得看他們會怎麼做了。之前他們在我辦公室，逼我要提醒他們一些事，那就是他們未經授權就闖入我的辦公室。但如果他們守規矩，那我不太介意。」

「他們來這裡只可以旁聽。」他保證：「我會主持這次會議。」

「好的，這樣我同意。我們開始談正事吧。」

會談大約持續了兩個小時，我重述了先前我對於回郵券的聲明，討論的都是先前在其他會議上說過的。結束時，那位聯邦檢察官似乎很滿意。他一點都不懷疑其中有任何不法，就算他懷疑，他的洞察力也告訴他：我一開始根本沒有犯罪意圖，而且我正盡力做正確的事——雖然用的是最糟糕的方式。

我並不擔心這次會談，跟之前與其他官員的會談差不多。實際上，我有什麼好擔心？我已經被調查了九個月。我被問過各種問題，每一題都已經回答了。他們在這段期間不

曾對我不利。我理所當然地認為，只要我依約清償票據，就不會被針對。無論如何，我現在想罷手的任何行動都太遲了。

我很快就忘了這次會談，然後照常生活。每天都在處理事情還有意外狀況。有一天，我接到了一家信託公司的緊急電話，那名職員不願透露發生了什麼，所以我只好去一趟。

我問的第一句話：「又有什麼謠言了？」

他告訴我：「我們幫你的辦事處找到一位人才。」我有點生氣：「天哪！這就是你要告訴我的大消息？」

「是的。他的風評很好，一定會對你有幫助。」他毫不羞愧。

「你為什麼不帶他去辦公室，找梅利小姐談就好？」我想知道。

「他已經去找過你了。你也見過他，但你似乎沒給他太大希望。」他回答。

「到底是誰？」我問。

「一個年輕人，可以叫他史密斯。」他說。「我怎麼可能記得。」我說。

「難道你不記得，有個年輕的伐木工向你應徵霍利奧克（Holyoke）辦事處的職務嗎？」他問我。

「噢，確實有。我記得，但我好像告訴他，霍利奧克已經有人手了。」我回答。

他堅持：「對，就是他。你必須把這個職位給他。」我回答：「你說什麼？」因為「必須」這兩個字太刺耳了。

「我說，你必須把這個職位給他。」他重複一次。

「什麼意思？為什麼要這樣施壓？」我很好奇。

「現在就接受我們的建議，把霍利奧克辦事處交給他。」另一個員工在旁敦促。

「越來越有趣了。你們為什麼這麼認真？我在那裡有自己的人，而且我已經很滿意了。」我不得不說：

「好，把他開除。」有個人提議。

「我會，那才有鬼！」我回擊。

「給他其他代理工作吧。」另一個提議。

「那個年輕人到底跟你們有什麼關係？」

「沒有關係，只是有人叫我們幫助他獲得辦事處。」

「去跟你的朋友解釋一下。」我說。

「沒辦法，我們必須按照他說的做。」

「但我沒理由照他的意思做。」我回答。

「噢，確實有。」

「喂，你想跟我開玩笑？沒人可以指示我要做什麼，又不做什麼。」我說。

「龐茲，大概要跟你直接講才可以。『老大』想要你把霍利奧克辦事處的職務給他。」

他話鋒一轉。

「哪個『老大』？誰可以告訴我這個『老大』到底是誰？」我問。

「你還不知道？」他驚訝地問。

「對，我不知道！」我承認。

「老天！這陣子你是怎麼混的？」他對於我在政治上的無知非常驚訝，然後說出一個治理全州的人的名字。

「什麼？」我怕聽錯了。

「就是他，那些大人物裡的其中一個。」

我喃喃自語：「好吧……好吧……好吧！所以，他想讓他一位朋友坐這個位置。我不喜歡被人指揮。但既然這位大人物很重視我的生意，還透過政治上的好友跟我聯繫，我想我會答應。」

他說：「太好了！那就說定了？」

我保證：「沒錯，你可以跟『老大』說，我會馬上執行他的命令。你也可以找那位年輕人來我的辦公室，和梅利奧小姐討論細節。至於我在霍利奧克的員工，我會打電話過去，給他安排新工作。」

「老大」對我的生意很有信心，這讓我受寵若驚。我想，以他的立場來說，除非經過調查、認定我生意的合法性，否則不可能讓朋友來找我。所以，我開始懷抱希望，認為政府的針對行動很快就會停止。

不久之後，我看到了一則廣告，或者說某種公告。美國政府準備出售航運局（USSB）的船隊，這是花了將近三十億美元打造的三千艘船的壯觀船隊！政府的定價是每一載重噸位二十美元，但實際上至少值兩百美元。這些船的總載重噸位大約是一千萬公噸，總價大約是兩億美元！

華盛頓，六月二十三日。這則廣告計畫刊登在全國範圍內，宣傳政府在新的《商船法》（Merchant Marine act）條款下出售船隊。航運局長班森（Benson）今日與廣告商

代表在會談中確定了該廣告計畫。

與會人員向委員會提議，撥款五萬美元調查航運局的船隻與其他資產，以便制定廣告計畫，準確地向全國發出大規模的出售案。

我抽出一天，查看我的外貿與航運資料，經過許多計算，我開始覺得應該買下船隊！我完全不浪費時間。我只要下了決心，就會行動。我派人去華盛頓，帶著兩億美元出價跟一張兩百萬美元的支票，作為交易保證。

與此同時，我開始計畫要如何處理錢的事。這次出價之後，船隊會歸我的可能性很高。我在投標書上提到，政府接受條件之後，我會在三十天內用現場點交、並用現金結清。其實這不必要，因為政府為了錢願意等上十年，事實上，他們還可以等更久，最後找上其他人還是一無所獲。

在三十天內籌資兩億美元，對我來說不是什麼大問題。我每天的收入已經達到一百萬美元，而我目前只在新英格蘭地區經營。聰明的讀者人會發現，我可以在四十八小時內從東岸連到西岸覆蓋全美國，跟無線電波一樣。

這還不是全貌。我收到印度大君的電報，問我最高能接受幾百萬盧比的投資；還有

中國官員也發電報，說願意投資幾百萬兩白銀；南非和澳洲的「投機客」也願意投資幾百萬英鎊；好幾通南美的電報都表示樂意投資幾百萬墨西哥披索（pesos）、巴西密爾雷斯（milreis）、玻利維亞諾（bolivianos）、厄瓜多蘇克雷（sucres），或是祕魯索爾（sols）。加拿大有一家銀行發來長電報，通知我有個署名「萊圖爾」的先生以我的名義在他們銀行存了七百萬美元！以上情況，證明籌資兩億美元只是小事一椿。

船隊的用途讓我絞盡腦汁，要怎麼利用？三千艘大小不一的船可以做什麼？碰到海盜怎麼辦？船長怎麼決定？大批的貨輪、油輪跟不定期貨輪可以做什麼？我無能為力，這樣只能轉手賣出。所以我失眠，研究了一些銷售話術、船的用途——以及創立子公司來將船隊脫手的手段。

實際上，這一支船隊將會讓我花三億兩千萬美元。因為這相當於證券交易公司用五○％的利率，向投資人借了兩億美元，並且給代理人總共兩千萬的傭金。

我計畫成立一個組織，旗下有兩家公司。其中一家是「龐茲船舶公司」，將擁有這支船隊；另一家是「國際航運商業公司」，負責租賃與營運船隻。龐茲船舶公司的資本額是一百萬美元，每股一千美元的價格發行一千股普通股。這間公司會發行三億五千萬美元、利率一二％的十年期債券。

至於國際航運商業公司，會用三百五十萬股普通股換取五百股龐茲船舶公司的普通股。接著用九十三元的價格包銷整個債券發行，或者說是三十二萬五千美元，用即期支票[20]付款。公司會以兩百美元的價格向投資人出售一套組合，內容是一份一百美元的債券、一份一百美元的特別股，加上一股無面額普通股（no-par-value common）。投資人也可以用證券交易公司的票據、依照期滿的價值來代替現金。這樣出售股票的話，不管用票據或是現金，都可以消除證券交易公司的負債。然後，證券交易公司就會漸漸式微了。

下一步是想辦法消除兩家新公司的債務。為此，國際航運商業公司會每年支付八千萬美元租金給龐茲船舶公司，租期十年。龐茲船舶公司會用這八千萬美元支付債券利息以及攤銷本金。十年的利息將達到四億兩千萬美元，一年是四千兩百萬。可以用每年剩餘的三千八百萬美元來清償本金，還可以輕鬆賺得三％的淨收益。十年下來，不低於一千兩百萬美元。償還所有的本金之後還剩下四千兩百萬美元，可以當作普通股的股利。像是每股四萬兩千美元！

國際航運商業公司計畫用每年一億五千萬美元的價格，在十年內將船隻轉租給許多子公司。這樣一來，公司每年可以獲得七千萬美元，用於支付特別股的利息與攤銷本金。每年用來攤銷本金的這部分，十年的利息將達到兩億八千萬美元，一年是兩千八百萬。每年用來攤銷本金的

四千三百萬美元，收益率為三％，十年下來超過一千五百萬美元。清償本金之後，餘下的八千五百萬美元將分配給普通股當股息，大約一股十二美元。

過了十年，這支船隊在金錢上的意義，對我來說已經不重要了。它將為我和我的公司賺到我所計畫的一切。不過，為了讓十年計畫成功，我必須組織、操控一些子公司。

這些子公司會按需求來籌資，資本會由特別股和無面額普通股組成。國際航運商業公司在每個案子中都會保留五一％的普通股，特別股和剩餘四九％的普通股會提供給製造商、進出口商，部分讓公眾購買。每個子公司每一年都要支付每載重噸十五美元的租金給國際航運商業公司。

我的計算都是根據載重噸位計算的，整支船隊有一千萬噸，龐茲船舶公司以每年每載重噸八美元的價格租給國際航運商業公司；國際航運商業公司則以每年每載重噸十五美元的價格轉租給子公司。

因此，舉例來說，扣除我無法估算的營運費用，一艘一萬噸的船每年會花費子公司十五萬美元，但這種類型的船，就算是最遠的港口，一年也可以輕鬆往返四次。而且，

20 demand note，指見票即付的票據。

裝載八萬噸貨物。

假設營運費用為每噸八美元，那麼運費只需要每噸十美元，即便如此，這個數字也是當時費用的一半。

每個子公司都要獨立經營自己的船隻，我指的是貨船。只要上述做法可行，只要保證往返時都載滿貨物就行。其他子公司無法經營的船，會由國際航運商業公司經營。這種狀況下，實際營運費用（加上租金）將根據載貨噸位按比例計算。

我還計畫把客輪當成美國產品的移動展示間。客輪在港口之間的航行時，會載著遊客，但也同時帶著美國的推銷員跟買家、各種樣品，還有一大堆貨物。任何外國買家都可以直接從船上購買貨物。回程中，這些船會裝運任何貨物，包括美國買家直接購買的。

顯然，上面整個計畫就是一個賺錢計畫，我當時很樂觀，以為自己能賺到幾百萬美元。不但如此，我還以為自己已經找到了一條安全的解套之路。然而在這件事情上，賺錢只是我的次要目標，我的主要目標是恢復美國商船隊的聲望。

我那時可是個「愛國痴人」。美國就是一切，除了我的名字有蛛絲馬跡，但我是百分之百的美國人，比許多當地人還要道地——包括華爾街跟華盛頓那些人，他們想方設法要讓美國船隻在岸邊腐爛，好讓英國的國際商船隊能繼續稱霸世界。

那時最讓我高興的，就是在英國國旗飄揚的地方也看見美國星條旗。美國在產品跟財富方面，是任何國家都稱羨的，而且非常豐富。我看不出美國必須依賴外國的意義。美國人也看不出有什麼意義。除了那些有利害關係的人，假如他們覺得依賴外國有意義，那絕對跟閃閃發亮的東西有關，而且他們收下的美元還不少——噢，我是說英鎊。就跟阿諾德少將的故事差不多。[21]

21｜
Benedict Arnold，美國獨立戰爭時期的重要軍官，起初為革命派作戰，並且屢立戰功，後來卻變節投靠英國。

24 群眾瘋狂的價值

媒體把氣氛炒到最高點，龐茲成了當代偉人，群眾瘋狂的程度史無前例。

我決定買下航運局的船隊，假如沒辦法買到，就收購多家銀行。但不管是哪一種，我都需要觸手可及的資金。一天一百萬美元根本不夠，這只是杯水車薪，所以我需要更多。

而募資最快的辦法，就是開更多辦事處。

當時，我在新英格蘭地區有一百八十位代理跟次級代理，不過辦事處只有三十五間。

這樣一來，有些辦事處會有五到十人。在大波士頓地區，我有五十幾位代理和次級代理都在學院街的辦公室，整天忙著進進出出。把客戶帶過來。

情況變得很糟，我必須要想辦法解決堵塞的人潮。但我應付不來，就算找了十幾個警衛來管理街道、走廊，還是束手無策。這種堵塞無法言喻，而且難以置信！除非親眼看見，

否則很難理解。為了紓解人潮，也為了籌資，我指示波士頓的五十位代理、次級代理在波士頓找新地點，開設一個新辦事處來轉移人潮。讓情況好應付，同時帶來更多資金。

然後我轉向銀行。我在幾家銀行已經累積了巨額存款。

例如，我在勞倫斯的勞倫斯信託公司（Lawrence Trust Company）有一百五十萬美元；在列克星敦的列克星敦信託公司（Lexington Trust Company）有十五萬美元；在新罕布夏州的曼徹斯特國家商業銀行（Merchants National Bank）有九十萬美元；在羅德島文索基特的國民銀行（Citizens National Bank）有五十萬美元；此外，我分別在多家小銀行存有五至十萬美元。有了這些對象，我會去給他們驚喜，就像我對漢諾威信託公司做的一樣。沒錯，就是上門拜訪，提出要買下股權，如果被拒絕，就立刻取出存款。

整體而言，所有銀行都開始受到大量取款的影響。為了增加漢諾威信託公司的存款，我發起了那一場競賽，也讓情況加劇。但這不會讓我停下。接著我又給出重擊。

在漢諾威信託公司董事會的一次會議上，我突然發現，大部分存款人不會得到公平待遇。他們任由董事會擺布，而董事會成員可能不老實。有些真的不老實。在我看來，他們是小偷，存款人無法從自己承擔的風險中得到相應的回報。這些想法在我腦海中盤旋，讓我幾乎無視會議內容，而比較著重於銀行改革的新計畫。於是，我在會議結束前起身

向成員們發言。

我說：「先生們，我想提出一個建議，由各位表決。我突然發現，我們這個董事會，對存款人交給這家銀行的數百萬美元擁有最高控制權。我們行使權利時或許明智，也可能不明智。如果做對了，我們可以拿到額外的股票跟紅利，如果做錯了，我們的損失也不會超過股票的兩倍，即八十萬美元，但我們的存款人卻會損失好幾百萬美元。他們承擔了更大的風險。沒錯，假如萬事順利，我們出每年四％的利息。這似乎不太公平。我贊成給予存款人更多的權利與回報。例如，我建議存款人在董事會也有一定比例的席次，他們有權知道會議內容。此外，我建議給予股東七％的股利，就像存款人拿存款利息一樣。其餘的收益也都應該按比例分配給存款人跟股東。換句話說，我提倡的是利潤分享。我知道，這個觀點似乎是革命性的，但我也相信這才是公平與公正的。我在此希望你們對下列項目表決。第一，漢諾威信託公司是否應該主動倡導這樣的改革；第二，是否將本人龐茲在此會議中的建議投書報紙？」

兩者都經過董事會同意了。我離開會議，前去諮詢我的法律顧問（他負責管理我在銀行業方面的事）。我們決定邀請波士頓所有財經記者開記者會，地點是楊格酒店（Young's Hotel）。記者們來了，我向他們提出建議，但我也從他們的表情上看出，他們永遠不敢對

波士頓的銀行體系施壓。他們非常清楚自己的利益所在。他們隔天果然向我報告，報社主編評估之後，表示無法公開支持我的計畫。

我告訴他們：「好吧，朋友們。就算沒有你們，我還是可以宣傳。我要成立一個公關部，給新英格蘭地區每一個銀行存款人發傳單。」

「這會花你不少錢。」其中一人說。

「錢？錢算什麼？錢對我來說什麼都不是，只要有好理由，我可以每天拿出一百萬美元。」我回答說，

隔天，我在法律顧問和銀行職員的建議下，聘用了一位公關經理。同時，我也給了法律顧問七千美元，讓他租個合適的公關辦公室，也讓他支付雜項費用。

在公關經理的建議下，我打算發傳單給新英格蘭地區所有的銀行存款人，上面寫著我的分紅計畫。不管是誰，應該都看得懂；不管哪家銀行反對，都會被大眾抵制，而且還不得不處理擠兌——這世上沒有銀行可以應付超過四十八小時的擠兌，最後要不是破產，就只能賣給我。

當公關經理和法律顧問推行計畫的同時，我開始注意到一家公司的活動，他們叫做「老殖民地外匯公司」(Old Colony Foreign Exchange Company)。創始人是幾個在我這裡求職不成

的人。這家公司宣稱，其經營的業務和我一模一樣，所有人都相信他們，因為所有人都相信我。我不能出來說他們在說謊，否則就是拿石頭砸自己的腳。他們招住我，我只能稍稍掙扎。他們甚至印了一模一樣的票據，只有公司名字不同。一般投資人才不管這些呢。實際上，他們大部分的投資人都以為是在投資我。從收入的角度而言，這對我沒有太大損失。讓我擔心的是當局可能會調查他們，但他們並沒有人有足夠勇氣、智力去應付，於是是很快會露出馬腳。假如發生了，我也幾乎難逃一劫。

我傳話給他們，叫他們罷手，甚至威脅過他們，但一點用也沒有。他們拒絕，這不是勇敢，而是因為愚蠢。他們還在我辦公室同一層也租了一間，然後把我的投資人引導過去，號稱我們是同一家公司。

我厭倦了這種狀況，就算要付出代價，我也要教訓他們。我聘請了平克頓偵探事務所（Pinkertons）的人，叫他們追查每一個和老殖民地外匯公司的關係人。

我指示偵探事務所經理：「盡你所能都挖出來，跟蹤他們到天涯海角，有必要的話去中國也可以。不分晝夜，每天給我報告，然後抄一份給地方檢察官佩勒蒂埃（Pelletier）。我不在乎花多少，我要你把這二人送去坐牢！」

我無法讓他們停手，他們構成的威脅比所有政府機關加起來還多。當然，我的行為也

不完全合法。這確實令人心煩。我沒有任何做惡的意圖，卻身在一個關鍵位置。為了逃出黑洞，我採取的手段或許不周全，也可能不完全合法。但我覺得，這些手段在目標上是合情合理，而目標本身，也不是那麼悖德。既然我現在身陷泥沼，就要盡最大努力讓自己脫身，同時不傷害我的投資人。所以我無法容忍那個假公司，不能讓他們妨礙投資人與我的利益。

我找偵探事務所對付那個假公司，然後跟公關經理和法律顧問開會。他們說，公關部的進展很順利。如果你相信護士說的話，那麼一個發燒到四十度、在陰涼處休息的病人，也總會「進展很順利」。但進展的方向可能出錯，除非病人死去，否則根本沒人會注意。

而，也自然認為我的指令正在進行，或者很快就會進行。我接受了麥克馬斯特斯（McMasters）的建議，認為做一些報紙宣傳有利於進展，所以乾脆委託他處理了。當他告訴我，《波士頓郵報》（Boston Post）同意刊登我和證券交易公司的專題時，我簡直高興死了。

一九二○年七月二四日，《波士頓郵報》發表了這篇排定好的文章。當天是星期六，是所有忙碌都在中午停止的一天。這一天，幾乎所有人都離開市區，跑到郊區或是海灘。

不過這個星期六不是──相反，人們似乎都約定好在學院街二十七號碰面！每個人都在這裡。大波士頓地區的兩百萬居民都在這裡！就算沒有兩百萬，看起來也差不多了。

隔天，也就是星期日，《波士頓郵報》發現自己還可以幫龐茲先生預留更多版面，於是給了我幾頁。《波士頓先驅報》（The Herald）、《波士頓環球報》（The Globe）跟《廣告人報》（The Advertiser）不能讓《波士頓郵報》這奪下這個獨家新聞，所以也加入戰局，寫在頭版上，把我跟證券交易公司從頭到腳都包了一遍，比毯子還全面。我讀過所有新聞之後，才知道原來龐茲是這種大人物。

對我來說，那個星期天不是休息之日。黎明開始，電報跟電話開始源源不絕。是男女老少、三教九流，每個人都急於站在我這邊，因為我是個千萬富翁。那時收到的祝賀比選上總統還多！一整天來我家拜訪的人，比市集整整三天的客人還多！停在我家門口經過的車，比福特汽車加通用汽車半年的產量還多！我必須接受更多採訪，擺更多的姿勢，拍著照片簡直比一流電影明星還多！總而言之，那個星期天是我一生最忙的一天，什麼事都做不了。

然而，跟接下來的星期一相比，這兩天週末其實很輕鬆了。報紙沒有停下，還在往大火上澆油！當我到達學院街的時候，場面簡直無法形容。車輛都停著，交通已經癱瘓。我和彼得市長的車，是唯二獲准開進學院街的車輛。我沒有走錯路，但眼前是帽子跟人群組成的海洋。在奈爾斯大樓門前，六位騎警正在值勤、

管理秩序，還有至少十四名警察在大樓內值勤。投資人排成一條長長的隊伍，四個人一排，從市政廳附屬大樓開始，穿過市政廳大街和學院街，一直延伸到奈爾斯大樓的入口處，然後上樓梯、沿著走廊到我的辦公室！

空氣裡充滿了壓抑不住的興奮，每個人的臉上都可以看出希望與貪婪。這是我的感覺，因為我看到有成千上萬隻手揮舞著鈔票！狂熱、投機熱、群眾狂熱──這些詞在每個人的眼神中體現了。這幅畫面，沉默地表達了對所有冷靜、謹慎原則的完全鄙視；這是一種無聲的展現，可見不顧後果的群眾瘋狂心理如何受到誤導、或錯誤領導者的致命影響！

我剛下車，眼前的情景絕對是任何人無法忘記的。對於聚集在此的群眾來說，我是他們夢想的實現。是偶像，是英雄。他們一生的主宰與仲裁者。是他們的希望，是他們的命運。是財富與幸福的探險家。是能把一個乞丐在一夜之間變成百萬富翁的魔術師。

這一幕代表了我的成功，卻無法代表其他意義。學院街上的人群，絕對是其他成千上萬潛在投資人的代表。他們準備把他們的錢給我，手上所有的錢。只要讓他們能找到我，誰都不能阻礙我實現計畫。我贏了！

那個星期一早上，我的現金收入達到頂峰。光是在學院街的辦公室，三小時內就入帳

一百萬美元。比波士頓所有銀行用三小時收到的總額還多！我不知道其他辦事處收了多少現金，但只要我有設立辦事處的地方，都碰到了狂熱。總共超過三萬人，他們持有的證券交易公司票據的面值加起來是一千五百萬美元！新英格蘭人很勇敢！他們花了一千五百萬美元，來買我六美分的回郵券！跟我想得差不多！就算沒有回報，這價格看起來仍然很划算。我沒有彩排，就上演了一場秀——是從清教徒登上這塊新大陸之後，有史以來最精彩的表演！我向他們展示了金融界前所未有、最厚顏無恥的勇氣！我讓他們為了根本拿不到的錢，搭了最久的車、走了最多路來這裡。

光是這些畫面，一千五百萬美元應該就值得了！

25 跟時間為敵

龐茲自請調查，勝算看似越來越大，而且他還藏了兩張王牌。

我要賣的回郵券已經賣完了！這毫無疑問，而且不只賣出去，還賣了好價錢。他們花一千五百萬買一個單價六美分的東西，這在任何地方都不是小事。在新英格蘭也不是，即使一美元在這裡從印出來到投資的速度，比豚鼠繁殖更快。不過，我的工作還沒有結束，絕對沒有。我必須保證回郵券可以一直讓投資人買單，但確實有不利的徵兆。

實際上，前景根本不樂觀。在我看來，目前還算樂觀，至少短期內是這樣。我下車走進我的辦公室，待了十到十五分鐘，就準備前往漢諾威信託公司。而當我趁著空檔，坐在銀行經理的辦公室裡閱讀晨報，我才發現情況已經非常嚴重，尤其是《波士頓郵報》。

報紙一致譴責政府的鬆懈。媒體無法公開認定我的行為是欺詐（他們很清楚）。但媒

體將話題放得如此之大，這種異常讓政府顯得荒唐。他們指責官員未能確實查核我業務的法源依據。

這尤其危險，公務員一旦受到報紙批評，通常會失去理智。他們會毫不猶豫濫用權力、曲解法律，從犯錯到背信一應俱全，卻不會正大光明地出來跟民眾解釋：這種失敗是因為政府自己控制不好環境。

讀過報紙之後，我開始擔心在接下來一天內，甚至是一個小時內，就會有人來告我。我不確定是民事或刑事，但可能會讓我關門。可能是有理或無理、短期或長期的訴訟，也可能是某種禁令。毫無疑問，我只剩自己能依賴，這次的對手大致上是媒體。我打電話給漢諾威信託公司，並對接線員說：「通知聯邦檢察官和州檢察官，告訴他們我想跟他們談談，電話一到馬上告訴我。」

第一位回電的是聯邦檢察官。

我說：「我想，那些報紙你應該讀過了。」他說：「我讀過。」

我繼續說：「我覺得，他們指責政府官員懈怠是很不公平的。就我個人而言，我討厭這種連坐式的批評。我要求開誠布公。我邀請你跟其他官員來調查我的業務。你願意抽

空，跟司法部長、地方檢察官一起過來我這裡，安排調查的細節嗎？」

這位檢察官表示自己很樂意；州檢察官則傳話給我，希望我去他辦公室跟他談談；司法部長表示，他不適合參加這種會議。

我回應他：「部長，但我也很忙，沒辦法整天開會。我認為我為政府著想，也應該得到同等尊重。畢竟你們應該知道，根據法律，沒有我同意是沒辦法調查的。」

爭論根本浪費時間，他無動於衷，我甚至要大罵出口了。但我還不知道他不來的原因。於是，我同意當天晚點去他辦公室拜訪。

「大概什麼時候？」他問。

「不確定，跟聯邦檢察官、州檢察官談完就過去。」我回答。

「我等你過來。」他說，但他不知道我打算讓他等多久。既然他這麼討人厭，乾脆就讓他閒一下。

電話很快就講完了，我必須快速思考。在這不得已的情況下，我決定接受調查，而且沒辦法食言。對我來說，重點在於調查的方式，要可以滿足官員與群眾，卻不能洩露真實的狀況。經過一系列刪去法，我得到了一些看起來不錯的選項。

一如往常，我在衝動驅使下，立刻到法院向地方檢察官提出建議。我先前沒見過他，

不知道他的為人，但他一開始就不太友善。他說：「外面一直有人在說，我在你那裡投資了兩萬美元，這種狀況下，我覺得我應該調查一下，大家覺得我的錢去了哪裡。」

我同意他的說法：「沒錯，只要時間合適，調查是投資人的權利。前提是有投資。但你不是我們冊上的投資人。所以你可能對實情毫無興趣。」

他強調：「我有。我是薩福克郡（Suffolk County）的地方檢察官，所以在這個職位上，我有責任保護此地民眾的利益不受侵犯。」

「可是，目前沒有線索表明有民眾的利益被侵犯。你沒有調查的理由。」我回應。

「確實。但報紙公開暗示你正在欺騙公眾。」

「假如我欺騙，我想你應該會歡迎我，因為我就是來這裡邀請你調查我們的。」

「你是認真的嗎？」他問。

「當然。如果不認真，我也不會來。如果不打算配合，我會等你開始動作，同時去找幾位最好的律師來抵制調查。」

「如果這樣，那我會消除成見。你有什麼建議？」他說。

「我要提供一個機會，讓你們調查我的償還能力。政府現在最想知道的，就是我有沒有足夠的錢來償還所有未償付的票據。」我回答。

「你要怎麼證實。」他問。

「指派一位所有官員都滿意的審計人員，讓他來評估我的負債情況。」我解釋。

「你會讓他檢查你的帳簿嗎？」

「只要能評估負債狀況，我會向他提供一切帳簿、文件、紀錄。僅此而已。」

「那他要如何證實你有償付能力？」

「我會配合。公布我的負債總額之後，我也會公布我的資產。這樣可以嗎？」我回答。

「可以，但誰來指派審計師？」他說。

「你和其他官員指派就可以了。我不在乎審計師是誰，我只是想讓所有人知道，這是所有官員都接受的調查。而不是某個官員發起的分散、單獨的調查。」我告訴他。

「什麼意思？」他問道。

「因為，我和司法部長通過一次電話，依他所言，我猜他想要單獨調查。」

「但就我這邊的立場，我們也加入聯合調查比較合適。」他說。

「聯邦檢察官也一樣。所以，司法部長如果不贊同多數意見，那他就要倒楣了。這件事說完了。」就在這時，我認為心理上的關鍵時刻到了，該說出一個令我對手不安的消息，於是告訴他：「地方檢察官先生，我突然想到一件事。在調查期間，我如果每天都繼續發

行票據，那麼審計師根本沒辦法確定我的負債情況。」

「確實如此，那麼你能停止發行票據嗎？」

「可以。我還沒時間想這樣對我有沒有好處，但其中有個地方很吸引我。因為這讓我有機會回擊媒體那些含沙射影的言論。我會配合的。」我說。

「你會停止發行票據？什麼時候？」

我回答：「就是現在，能借用一下電話嗎？」他說：「當然，請自便。」

我打電話到我的辦公室，梅利小姐接起電話。

我下了指示：「梅利小姐，從現在開始，我們將停止接受投資人的資金，除非有後續通知。請張貼在辦公室外面，也打電話或發電報通知所有代理跟副代理。不過，我們還是要兌現票據，跟以往一樣。到期的時候，連同利息支付。還沒到期就沒有利息。」

放下話筒之後，地方檢察官對我說：「龐茲先生，你來這間辦公室之前，我可能判斷錯誤了。你的坦誠改寫了我的印象，我相信你想做正確的事。感謝你給我方便，我也向你保證，我不會給你帶來任何沒必要的不便。」

離開之後，我去拜訪了聯邦檢察官，告訴他狀況，他似乎對此很滿意。他說我們會跟地方檢察官討論，到時候再跟我說審計師的事。我離開聯邦檢察官辦公室，前往州議會，

司法部長已經在那裡等了我三、四個小時了。但我過去之前，還得先順道去辦公室弄清楚狀況。我宣布不再接受投資，結果引發了擠兌。我發現很多投資人準備撤資，跟我早上看見那些急於投資我的人差不多。不過，來值勤的警察離開了，人群也不那麼有秩序了。

我走進辦公室，得知警察已經被召回。我立刻打電話給警察局長，但沒找到他。最後我連絡上負責人，他告訴我，召回警員是因為他們不能非法在私人辦公樓前面值勤。

我生氣地說：「很好！就算我騙錢，或是偷錢、犯重罪，警察都還可以保護我，結果我現在照法律行事，開始賠償，法律卻拒絕提供保護！我覺得有點可疑，但我沒時間理你們。你去告訴局長，我不需要他的警力，我自己組織一隊。」

我真的做了。我找了平克頓偵探事務所還有其他私人保鑣，不到一小時就控制住人滿為患的場面，而且沒有任何暴力事件。我親自走過投資人的隊伍，和他們說話、解釋，也讓他們更容易拿到錢。就這樣，我避免了一次致命打擊。後來有人告訴我，警方撤離是因為他們想造成一些騷動，這樣政府就有理由介入與控制。我不能確定是誰下的指令，但我意識到，政治跟經濟利益才是始作俑者。不過，我卻讓他們落空了。

順利處理好辦公室的事情，我才去拜訪司法部長。

保險起見，我帶了律師同行。我的直覺告訴我，我不只是去開會。事實上，當我進入

司法部辦公室的時候，就看到大概有十幾個人坐在一張長桌旁，可能是助理或速記員之類，大概只差劊子手不再場。

幸運的是，這群人沒有我們所謂的聰明才智。

除了太久之外，這次會議不太難纏。比任何會議都還久，因為我的聽眾們連那些眾所周知的事情都不太懂，但這也讓我不必說更多謊。其中一些人真的很糟糕。總之，我很高興離開這個高峰會，離開時他們一樣對我的活動一無所知，卻還沒有自知。無知是福。

晚上回家的路上，我有二、三十分鐘的空檔來反省這一天。目前為止，我還是掌控局面，聯邦檢察官已經任命一位知名的會計師——普萊德（Edwin L. Pride）為我彙編一份債務清單。州檢察官宣布他會尊重普萊德的調查結果。司法部長不太可能帶來麻煩，因為兩位檢察官都站在我這邊，所以他在法庭或公眾面前都沒有機會。

雖然我還是控制住局面，卻依舊沒有足夠的錢或資產來平衡債務。沒有人知道，除了我自己。不過，真相似乎很快就會攤在全世界眼前。除非……沒錯！除非我剛好還藏了兩張王牌。我確實有。我是在早上藏的。

首先，我其實沒什麼好擔心的，反而還能從我挑起的擠兌中獲益。我有足夠的流動現金，可以供應我連續兩週每天支付五十萬美元。但更可能是每天二十五萬美元，那我就

能撐四週。另外，我可以在必要時將資產變現，那就再延長一週。而這次擠兌最好的地方在於，我可以不付利息贖回更多票據。沒信心的投資人不會等待票據到期，甚至連幾天都不願意等。每次我退還本金，就能省下五〇％的利息。

大致上，我積欠一千五百萬美元，其中五百萬是利息。我可動用的資金大約是八百萬，還有七百萬的缺口。但如果可以在到期前退回本金（而不在到期後加上利息），那麼八百萬就能消除一千兩百萬美元的負債。這補足了四百萬的缺口。確實，還有三百萬的缺口沒錯，不過，第二張王牌可以解決。

第二張，就是漢諾威信託公司。當時這家銀行擁有五百萬美元的有價證券與大量流動現金，全都不是我的，是銀行的，但我可以使用。

漢諾威信託公司位在華盛頓大街與瓦特街口，聯邦檢察官辦公室在德文郡街（Devonshire）和瓦特街口，兩者相隔不到半個街區。我的計畫是，在聯邦檢察官辦公室裡賭一把。只要他們準備宣布我的負債總額，我就會到他們辦公室去，帶著我所有的註銷票據、銀行帳簿，以及所有其他資產，包括契約跟股票。然後，我會在過去的途中，到漢諾威信託公司拿走足夠證券、現金來補足我負債跟實際資產之間的差額。對帳過程可能需要一小時，而在回去途中，我會把暫時取走的資產重新放回漢諾威信託公司。沒人會

知道。

　　調查應該會當場、當下就結束。然後政府必須證明我的償付能力，而我就能恢復正常工作了。整體而言，我還沒被擊倒。但接下來兩、三個星期，我必須二十四小時保持警覺，因為各家銀行、媒體、政府部門都緊追著我不放。

26
最後一搏

金字塔搖搖欲墜，龐茲搞壞了媒體跟政治關係，全身而退的希望微乎其微。

第二天，又發生了一件驚喜。有一位律師代表了一名持有五百美元票據的投資人，向法院提交了禁令申請書。他和他的主張兩者都站不住腳。

我在波士頓四處尋找那名投資人，想解決他的索賠問題，就算要付十倍代價也可以。

但我找不到他，也聯絡不到他的律師，所以我請我其中一位律師拜倫（Sam Bailen）出庭反對這份申請書。

同時，我也安排好柯克利[22] 來協助我，我需要他這種角色來應付州議會。

---

22 Dan Coakley，美國律師與政治家，當時在波士頓是政治與商業的關鍵人物。後因欺詐、不當行為被彈劾。

但我找柯克利是個錯誤，一個政治錯誤。有些官員不喜歡他，而他是一個互惠主義者，也不需要那些政治人物。對他們來說，這是互相的；但在我的立場，卻讓我的退出計畫大受影響。可以說，這讓我當時在魔鬼與深淵之間。很難知道誰才是惡魔。

柯克利一出現，有些官員就決定把無法在他身上發洩的怒氣轉移給我。雙方的較勁之下，我成了皮球，被踢了最多腳。結果我還能安穩地坐著，這簡直是奇蹟。事實上，我不應該找柯克利，而是去道富街隨便找一位有「五月花號」血統的律師。一定要是血統高貴的波美拉尼亞人（Pomeranians）或西班牙人，胃口跟大丹犬或聖伯納犬一樣大，然後我就可以避免被謀殺的下場──或說的更精確，我至少還能留下幾百萬美元。有個跟我同代的人，他就比我聰明，找了一位貴族律師。他或許會少了一些財產，卻不會跟我一樣損失自由。

無論如何，也無論犯錯與否，我都不後悔雇用柯克利。就算被那群知識分子盯上，我與他相識、經歷這一切都是值得的。包括他的友誼、他的忠告。他是整個麻州最有能力的顧問，一切建議都不例外。看他聰明的做事方法，跟他並肩作戰很令人開心。那群職業海盜唯一令人尊敬的地方，只有他們的權力。他們屈就於經濟利益之下，所以總是能優雅地坐著。

當天，我大部分時間都在解決那個投資人的事。我還在找他，在幾乎要放棄的時候，他直接走入了我的辦公室。他看起來煩躁又憤怒，因為他在波士頓報紙上的公告裡看到了自己的名字，但他不知道發生了什麼。我向他解釋情況，他說自己是被誘導在申請書上簽字的。我衝進我律師的辦公室，讓那名投資人簽了一份聲明，然後在一小時內，他的律師就撤回了申請書。

以擠兌來說，這次相當溫和。人群充滿秩序，而開支票的速度大約是每小時兩百張。

普萊德審計師正忙著根據我給他的票據存根，列出我的所有債務。我把資金集中到漢諾威信託公司，並讓其他銀行的存款減少。這是有原因的。如果我用其他銀行的支票付錢給存款人，那他們就必須去其他銀行兌現支票。其中許多人或許會順便把錢存進去，確有其事。例如其中一些人拿回資金，就想順便在漢諾威信託公司開新戶存進去。這就當時發生的事，我從一邊口袋裡拿出來的錢又存到我另一邊口袋，即「正面我贏、反面你輸」的其中一例。

波士頓一個財經編輯還在盯著我。他追尋我的蹤跡，比以前更仔細，而且堅持不懈。就在這時，我的注意力轉移到他一個同業身上。那人是地區財經小報的出版商。只有他站出來罵我，而我無法忍受。他不讓我走出他的視線，大概只有子彈可以阻撓他。

他在他的小報上，給我的版面比留給他同黨的還多。證券交易所的書報架，上面刊物

的開價至少每英吋一百美元。他對我的評論不太適合寫出來，所以我也不寫一些不太適合

寫的東西。他不放過我，卻忘記發稿前先找律師看過，結果被我找到機會撲過去。我告他，

向他求償五百萬美元。他在附近擁有一座牧場，我很喜歡他的許多東西。而我逼得很緊，

結果他的牛隔天早上都擠不出奶了。

大概在那時候，紐約一份電報帶來了些許生機——講得好像一切死寂。電報上說，有

個叫做赫爾曼（Joseph Hermann）的人正前往波士頓，將跟我商討一筆重要的生意。我不久之

後就接到電話，通知說他人到了，我安排跟他在派克大廈會面。會面相當簡短，他說自

己代表紐約與巴黎的一些資本家，希望收購證券交易公司。我沒辦法接受他的建議。我

也不覺得他是認真的，但還是跟他談談，看看他想玩什麼把戲。

「你了解證券交易公司的狀況嗎？」我問。

「我只了解報紙上的那些事。」他回答。

「好吧，我來告訴你。這家公司所有的資產都是現金。所有的債務都是票據形式，當

我清償所有票據，剩下的現金都是我個人的財產。公司會有非常好的辦公傢俱、器材裝

備、設備，還有一份很棒的郵寄名單。你準備好要買下這間公司了嗎？」

「沒錯，這就是我們想要的。」他說。

「好吧。那我們不必浪費精力去算這些辦公傢俱、器材裝備、設備的價值，我可以直接送給你們。但我們要來討論一下，郵寄名單跟品牌的商業價值要多少錢。」

「我們覺得應該讓你先開價，然後盡力滿足你的條件。」他說。

他看起來樂觀得誇張，很沒有說服力。我覺得他是在虛張聲勢。所以我決定開個高價，想讓他攤牌。

「我要一千萬美元。」我告訴他。

「這個數字很大。但我們會準備好。就我個人而言，我接受你的報價，但我必須回紐約跟合夥人們討論一下，後天我們會過來討論細節。請問你那天早上九點到十點，方便在科普利廣場酒店跟我們會面嗎？」他說。

「可以，我會過去。但要注意，我要求當場付現。如果浪費我時間，我會提高出價。」

我同意。

在約定的時間，我們又見面了。我們談了大概兩個小時，當時我才知道他們已經準備好資金了。甚至有傳言說，他們背後是美國最大的幾間銀行之一，但我始終無法證實。但我開始懷疑他們的動機，所以改變了條件。

「我不知道你們收購我的公司要做什麼，或許是發展自己的業務吧。我可以交給你們，給你們全權處理，未來的事也不用我操心。但我覺得，我在道義上有責任保護我的投資人跟群眾免於高風險投資的影響。所以，我只把公司賣給目的正當的人。各位先生，我完全不認識你們。就算我認識，也不代表就可以負起這種責任。所以，我是願意賣出，但前提是你們要給我一個貴公司的職位。不用支薪，也不用分紅，我只想要有機會查看你們的業務。如果我覺得沒問題，就會自己退出。」

「我們很樂意接受。」赫爾曼替他自己跟其他人發言。就算我設了障礙，也阻止不了這些人。不過他們並不打算當天完成交易，而是想擇日做新的討論。

我說：「我不覺得需要再討論。你們知道我的條件，請你們的律師起草一份制式合約，然後給我簽字。我們可以在十五分鐘內完成交易。除非準備好，否則我沒辦法再談。如果準備好了，那在我同意談話之前，要先給我一張保證支票。我現在太忙，不能再花時間在這種會議上。」

其實，赫爾曼等人的拜訪本來也可以拯救我──假如我夠理智，而且不帶任何良知，就能利用他們。當然從那時到後來也都沒有良知。我當時的想法是錯誤的，丟給我的救生圈非常多，但我太沉迷於那些瘋狂想法，導致我從來沒有伸手去抓。

我對自己很有信心，所以只看見自己的鼻子。大大小小的政客都跟著我，我也不用跟其他人示好。他們對我服服貼貼。例如，有一天早上，兩位政客在吃早餐前來到我的住處。

其中一位是紐約一家報社的代表，我穿睡衣在日光室迎接他。

「龐茲先生，這是我們的證明文件。」他一邊遞給我幾封信，表明他們和共和黨全國委員會的關係，他說：「其中一位共和黨全國委員會的領袖派我們來，邀請你捐款支持我們的競選。我們聽說了你的成功與慷慨，冒昧希望你能資助。」

「你或許來對了教堂，但似乎坐在錯的位置上。」我說。

「為什麼？你應該也認為哈定參議員將會成為美國下屆總統吧？」他問。

「也許吧，除非被考克斯贏過去。」我說。

「不可能，民主黨注定會失敗。」他回答。

「好吧，你要我給多少？」

「你願意捐多少都可以，以你的地位，我想應該不會低於一千美元。」他說。

「你只要這樣？一千美元根本不算錢，我以為你說我很慷慨。」

「當然。你願意捐多少就捐多少，當然給得越多，我們會越開心。」

「如果照我的意思，我不會只捐一千美元。」我告訴他。

「很高興聽到這個消息，你願意捐多少？」

「願意捐多少？是整數，整整一百萬美元。」我開出價錢。

「一百萬美元？」他驚訝地問。

「沒錯。整整一百萬美元……來絞死整個共和黨！」我回答。

「你顯然對我們黨有些不滿。」他說。

「不滿？別這樣形容！當你希望我捐錢的時候，看看他們怎麼害我的。全都是共和黨人。他們在暗算我的時候，如果我拿錢出來支持他們的政治力量，那豈不是笨蛋？」

「我不知道這種狀況。」他道歉。

「去跟你們自己人說吧，然後再來跟我談捐錢。處理好再來談。」

「我們會看看怎麼做比較好，我們能約個時間再談談嗎？」他說。

「我現在不會約時間，但你可以跟萊維羅尼（Leveroni）法官談一談。如果你們談得不錯，我會接受他的建議。」我說。

於是我再次冷落這個政黨——這個最終勝選的政黨。我總是會用某種方式把賭注押在錯的馬上。以一個賭徒來說，我確實很有一套！

27 海市蜃樓

往後所有騙局的結局都是一樣的：在最令人意外的瞬間，所有泡沫應聲破滅。

擠兌第一週快結束時，我每天要付的錢也變少了，剩下幾千美元。許多投資人決定要繼續持有票據，這樣才能賺那五〇％利息。波士頓那家報紙的編輯束手無策。居然有「銀行家」能夠熬過擠兌？他生平第一次遇到這種驚喜，簡直嚇呆了。

但他堅持了這麼久，自然不願放棄。他的週末相當忙碌，準備發動新攻勢，還找了一些盟友。他找到一個在蒙特婁認識我的人，得知我在加拿大蹲過監獄。

八月二日星期一早上，那家報紙的頭條是「龐茲大破產」。內容有許多不正確，有些完全錯誤，這種攻擊簡直是漫天大謊！但如果沒有打擊到我，那也是奇蹟。這確實是一場惡鬥，擠兌變得更嚴重，在接下來兩、三天內，我付了將近兩百萬美元。

擠兌不是我唯一要應付的，四面八方都有人要出賣我。我有個助手就看到機會。他用偽造的名字發出票據，把存根混在其他票據中一起存檔。我的員工們只能比對存根與票據，卻無法得知有沒有收過錢。所以，我們就付錢給他們。大概損失多少？我不確定，但估計應該有二十五萬美元。

除了他，其他員工也至少從我這裡拿走十萬美元，方法很簡單，就是不把處理過的票據作廢，而拿去給其他夥要求我們付款。我有完整紀錄。還有一些員工給自己（或親友）買了票據，然後在票據日期上動手腳，讓我們早在到期日之前就連同利息支付。票據日期應該與印花稅票上的一致，結果卻沒有。

偷竊行為轉移了我的注意力，以這種角度來看，其實不太糟糕，因為我發現自己被搶劫了。但其實很糟糕，我銀行帳戶的餘額被鯨吞蠶食，現金資源大大減少。我猜，大概有五百萬美元，而且擠兌還在全速進行。

第二個星期，我把大部分時間都花在恢復投資人的信心，到星期五，我又再次控制住局面。波士頓的報紙追得很緊，又將我逼到險境。原因是加拿大的那件事。接著我得知一件事，發現自己正在遭受最嚴峻的考驗。報社已經派出他們最厲害的人去蒙特婁。不出幾天，祕密就會水落石出。曝光無可避免，而曝光意味著毀滅——至少在單方面，也

可能是各方面。不過，還有調查可以翻盤。如果我能證明償付能力，官員與群眾都會很滿意。我還是有信心贏得跟普萊德審計師的攤牌。但我還需要幾天，目前最重要的，是曝光必須要在攤牌之後。

為此，我必須掌握那名記者在蒙特婁的行蹤與進展。為了在報紙發行前就知道我的新聞，我可以用手段知道報社編輯室裡的狀況。但我需要的不僅於此。我要走在更前面，避免被他們逼著招認一些有害的事實。他們可能知道的訊息，在被證實之前都不算是真正危險。而當我發現他們準備證明，那我只好領先一步。我萬不得已才跨出這一步。

為了得知記者的進展，我開始攔截電報，包括發出跟接收的。每一份關於龐茲的電報副本，都會在電報送達之前先交到我手上。幾乎一發出就會傳給我，日夜不間斷。我也監聽他們編輯室的電話。這是怎麼做到的？由於涉及其他人，我無法多說，但我可以透露，每次聯繫都讓我付出高昂代價。我雖然身價百萬（或者，理論上身價百萬）卻也負擔不小。

同時，有個負責調查的官員對我有明顯的敵意，他在很多方面都表現出來。他經常激怒我，是個惡魔，讓我不得不詛咒他。我辦公室裡的人都非常討厭他，這讓我一個助手決定把他「移除」，讓他去「兜兜風」。

那個助手透過黑社會人脈，在紐約尋找槍手。開價一萬五千美元，目標是殺害那個官員。以官員的價碼而言，這實在太高了，而就那個官員而言，他根本就不該被火藥送去地獄。

那個助手安排好之後，若無其事地跟我報告。他還想找我去現場觀看。

我跳起來：「你以為我是哪種人？殺人犯？你覺得我會包庇？你怎麼還要問我？因為，如果你做了，我會親手把你交給警察。」

「但槍手想動手了，他想得到那筆錢。」

「你給我惹了大麻煩。」

「我以為我是在幫忙。」他道歉。

「我不需要這種！如果他阻礙我，我會自己處理，沒必要殺了他。我可以花五十萬去敗壞他的名聲。接下來就給我處理，你現在就把槍手找來見我。」我告訴他。

他找來一位調解人，是昔日的「黑幫大老」之一。對方答應要勸阻那名槍手，並且把槍手送回紐約，但同時也向我索討四千五百美元，我還讓對方簽了一張收據，為了保密，上面的日期是隨便寫的。

在許多人眼中，這大概是我做過最糟糕的投資。我自己也這樣覺得。我花很多錢去救

一個敵人的性命。那個官員還是緊追我不放，就算他知道這段插曲也一樣——有一次他當面說我是多麼危險的人物時，我就趁機告訴他。我付出的代價可能高過他對人民的貢獻，即使如此，我也不後悔。他的命可能只值四十五美分，但人命就是人命。無論如何，我不會因為這種事違背良知。

我整個週末都在尋找現金，我不認為可以找到五十萬美元。不過，我的股票跟其他資產加起來超過一百萬美元。

我試著用存款證明兌現，四處奔波，甚至也去了紐約，但一籌莫展，因為大銀行都沒有開門，所有人都沒上班。我想到了湯瑪士‧勞森[23]，他是唯一可能幫我的人，他有了解，但沒有處理，或者無法處理。我不確定原因。

形勢一片慘淡，我必須在審計師發布報告之前，把錢先準備好。沒人知道知道他何時要發布，可能是四、五天內，也可能是幾週之後。但總而言之，我得為星期一準備好現金，因為五十萬美元根本撐不過週末。

存款證明兌現的事情，我跟漢諾威信託公司的幾位董事討論過，他們建議我開即期票

---

23 Thomas W. Lawson，綽號「銅王」，以推動市場改革、操縱股價致富而知名。

據：八萬美元的十八張、六萬美元的一張。然後用「局外人」的名字簽，像是銀行員工或是其他人。然後，透過擔保把存款證明交給漢諾威信託公司作為抵押，這樣銀行就可以貼現票據，將金額記在我的帳戶上。我接受了建議。

八月九日，星期一早上，我開始用這些票據取錢，大約有四十五萬美元。為什麼這麼多？我記不得了。從我的帳戶上支取的錢可能很少，但或許有一些外地支票，可能未經審查就兌現了。總之，用存款證明拿到的四十五萬美元，在星期一上午就用光了。接著，災難就爆發了！從州議會大廈打響第一槍。銀行事務專員傳來消息，說這筆交易違反銀行法。也許合法、也許違法，但這說不通，因為我在這家銀行有一百五十萬美元，專員卻說法律不允許我提款。如果這是法律，那也太奇怪了！如果不是法律，那就是專員搞錯了，只可能是兩者之一。他命令我立刻補回透支額，否則我會有麻煩。我設法補回了。我把原先的存款證明分為三份，兩張五十萬美元、一張約五萬七千美元，利用差額補回了透支額。不管合不合法，這已經是我所能做的最好辦法了。

我還是沒有流動資金，同時無法停止開支票。我們開了一些，希望在到期、要求貼現之前籌到一些現金。但我們辦不到，漢諾威信託公司不得不拒絕支付一些。這時，有一位律師希望提出破產管理，他花了一整個星期找到幾個投資人支持，而現在看到了機會，

於是向破產法院提出申請。這樣一來，任何付款都會馬上停止，我財產的所有權會從我手上移交給美國法院。

當天晚上的午夜時分，有個財經記者到我家門口。他亮出了一封來自蒙特婁的電報，但不讓我看。反正我也不需要看，因為我已經有副本了。他拿著揮了揮，說有我在加拿大坐牢的證據。他打算在早上登出來，想先知道我有沒有話要說。

「確實有話要說──你們就登出來吧，但那份報紙應該會是你們最後一期。你絕對不敢，你自己知道為什麼。」我告訴他。

他隔天沒有發表，也確實不能發表。那位記者從蒙特婁發回來的電報說，必須先比對照片，才能完全確定我在加拿大坐過牢。我又喘息了一、兩天。但曝光仍舊無可避免。

這種情況下，我只能搶在報紙之前把我的事情好好交代，這樣才能讓人接受。我傳話給《波士頓事紀》（Boston Record）的編輯；接著是《波士頓郵報》的財經編輯，我告訴他事實，同意他知道之後就能隨意報導，他確實做了。我猜是在八月十一日。

現在唯一的希望，就是證明我有足夠資產來償還債務。普萊德審計師馬上就要報告了，而我準備好接受檢視。我去了漢諾威信託公司，拿出所能動用的有價證券，先暫時挪用。能做的我都做了，但這最後的希望也未能實現。我聽說銀行事務專員在背後有計畫，

於是趕去漢諾威信託公司，發現董事們正在聽律師說話。他說，專員打算關閉這家銀行。

「為什麼？」我問。

「因為他說，銀行的狀況不佳。」他回答。

一位董事打斷他：「狀況不佳？我們的狀況從沒這麼好過。存款在兩個月內幾乎增加了一倍。」

律師承認：「好吧，或許是。但銀行事務專員堅持他在帳上看到許多不良債務。」

我插話：「他這樣說的時候，你就應該告訴他，是他自己弄錯了。這家銀行沒有、也不可能有不良債務。」

「為什麼？」律師問道。

我回答：「因為，當我買下這家銀行的控制權，我已經見過董事會，告訴他們我會親自擔保所有債務。這家銀行擁有我的一份簽署文件，可以將銀行事務專員認為不安全的債務，都記到我的帳戶上。」

一位董事證實：「確實如此。我們有這份文件，銀行事務專員也知情。」

我接著說：「而且，在我購買漢諾威信託公司的控制權時，銀行事務專員告訴我這家銀行的狀況良好。如果當時良好，現在更應該是良好。你去州議會，把我的話告訴他們。」

另外，也要說我在這家銀行還有一百多萬美元可以處理不良債務。」

律師同意了：「我會去見他，聽你說完，我已經準備好去提出質疑了。」

他去了，但不到半小時又回來。

我問：「你有找到他們？」

「有。」

「他們說什麼？」我問。

「什麼都沒說。他們什麼都不說，只叫我去找州長。」

「你去找州長了嗎？」我追問。

「去了。『漢諾威信託公司必須關閉』，他是這樣說的。」他回答。

漢諾威信託公司當天就關門了，然後他們就逮住我了。

八月十二日，我早上待在家裡。我已經無能為力，就等著事情發生吧。果然有人來了。

先是赫爾曼來拜訪。我接待他。他亮出一張要給我的一千萬美元支票，由紐約哈里曼國家銀行（Harriman National Bank）簽核。我看到那張支票，一時之間燃起希望，問他是否也帶來合約了。

赫爾曼說：「沒有，我沒帶來。我們還沒改變主意。但最近的事情，讓我們打算延遲

幾天。」

我平淡地說：「噢，我可以理解。」但我的言下之意，是我完全理解他們退縮的原因。

雖然如此，我還是留他下來，聊了一陣子。

接著，電話響了。我接起，是聯邦檢察官打來的，他請我立刻去他的辦公室，因為普萊德已經準備公布報告了。我跟赫爾曼說，假如他願意，那很歡迎他等我回來，然後我就跳上車走了。我在聯邦檢察官辦公室，看見聯邦檢察官、審計師跟另外幾個人。

聯邦檢察官說：「龐茲先生，審計師的報告顯示，你的未償債務總額為七百萬美元，你能否出示能清償這些債務的足夠資產？」

「我的債務不是七百萬美元，說有一半我都不信。」

「你先前已經同意接受審計員的報告了。」他提醒。

「是的，我同意接受。因為我當時認為他的誤差不會超過二十五萬美元。但既然我同意了，我會遵守的。」

「你準備好了出示資產了嗎？」他問。

「是的，準備好了。不過我的總資產大約是三百萬美元。」我說。

「所以，你還差了四百萬美元。」

「假如按照審計師的數字，那沒錯。我當初的協議就是如此，我沒有異議。」

「很抱歉，龐茲先生。這樣我必須履行職責。我要逮捕你。」他做出結論。這時一位警官走了進來。

「龐茲先生，以美國之名，你被捕了。」

我回答：「好的，警官，我現在是囚犯了。」然後準備跟他去處理保釋事宜。

紙牌屋倒塌了！泡泡破滅了！我被擊敗，失去了一切：數百萬美元、名聲、幸福，甚至是我的自由！除了勇氣之外，我已經失去一切。我需要勇氣才能繼續活著、望向未來。

現在我當然輸了，但一個人除非自己想輸，否則是不會輸的。我不願意繼續進退兩難——只要我還有一絲希望，我就不想。往日如此，現在也沒有改變。只要有生活、希望與勇氣，那就永遠不會被擊敗。我相信，世上或許有暫時的挫折，但不可能有永久的失敗！

一起來　思 033

龐氏風暴 The Rise of Mr. Ponzi
永不根絕的投機狂熱，「龐氏騙局」始祖查爾斯・龐茲

作　　　　者	查爾斯・龐茲 Charles Ponzi
譯　　　　者	郭哲佑
主　　　編	林子揚
編 輯 協 力	林杰蓉

總　編　輯	陳旭華 steve@bookrep.com.tw
社　　　長	郭重興
發 行 人 兼 出 版 總 監	曾大福
出 版 單 位	一起來出版／遠足文化事業股份有限公司
發　　　行	遠足文化事業股份有限公司 www.bookrep.com.tw
	23141 新北市新店區民權路 108-2 號 9 樓
	電話｜ 02-22181417　傳真｜ 02-86671851
法 律 顧 問	華洋法律事務所　蘇文生律師

封 面 設 計	倪旻鋒
內 頁 排 版	宸遠彩藝有限公司
印　　　製	通南彩色印刷有限公司
初 版 一 刷	2022 年 6 月
定　　　價	400 元
I　S　B　N	9786269566457（平裝）
	9786269566488（EPUB）
	9786269566471（PDF）

Traditional Chinese translation copyright ©2022 by Cometogether Press, a Division of Walkers Cultural Co., Ltd.

國家圖書館出版品預行編目（CIP）資料

龐氏風暴：永不根絕的投機狂熱，「龐氏騙局」始祖查爾斯．龐
茲／查爾斯．龐茲（Charles Ponzi）著；郭哲佑譯．～初版．～新
北市：一起來出版：遠足文化事業股份有限公司發行，2022.06
256 面；14.8×21 公分 . -- （一起來思；33）
譯自：The rise of Mr. Ponzi
ISBN 978-626-95664-5-7（平裝）

1. CST: 龐茲 (Ponzi, Charles, 1882-1949)　2. CST: 金融犯罪
3. CST: 詐欺罪　4. CST: 傳記　5. CST: 美國

548.545　　　　　　　　　　　　　　　　　　　111007559